Genghis Khan
Jacob Abbott

成吉思汗
蒙古帝国与征服战争
全景插图版

[美]雅各布·阿伯特 著
朱利勇 译

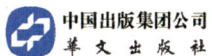

图书在版编目（CIP）数据

成吉思汗 / (美) 雅各布·阿伯特著；朱利勇译. --北京：华文出版社，2019.6

（美国国家图书馆珍藏名传）

ISBN 978-7-5075-5117-4

Ⅰ.①成… Ⅱ.①雅… ②朱… Ⅲ.①成吉思汗（1162-1227）—传记 Ⅳ.①K827=47

中国版本图书馆CIP数据核字(2019)第097673号

成吉思汗
CHENGJISIHAN

作　者：	[美] 雅各布·阿伯特
译　者：	朱利勇
选题策划：	盛世华章
插图供应：	029—89257605
责任编辑：	胡慧华
出版发行：	华文出版社
社　　址：	北京市西城区广外大街305号8区2号楼
邮政编码：	100055
网　　址：	http://www.hwcbs.com.cn
电　　话：	总编室010—58336239　发行部010—58336267
	责任编辑010—58336197
经　　销：	新华书店
印　　刷：	北京画中画印刷有限公司
开　　本：	880×1230　1/32
印　　张：	8.625
字　　数：	156千字
版　　次：	2019年6月第1版
印　　次：	2019年6月第1次印刷
标准书号：	ISBN 978-7-5075-5117-4
定　　价：	42.00元

版权所有　侵权必究

出版说明

《美国国家图书馆珍藏名传》共22册，作者是美国著名历史学家、教育家雅各布·阿伯特。他以独特的视角研究公元前7世纪到公元18世纪2500年的世界史，最后写出了这套影响深远的人物传记。读者能通过阅读这些风云人物，更好地理解那段历史、那段时光，这是我们出版这套丛书的最大良善。为更好地使读者全面了解该丛书，现作如下说明：

一、关于版本。据不完全统计，这套丛书的英文版多达上百个。其中，以哈珀兄弟出版公司于1904年出版的版本最具代表性和权威性。本丛书正是根据该版翻译而成，以保证版本的质量。

二、关于插图。这些人物距现代已经很久远了。读者可能会问：他们长什么样子？穿什么衣服？仗是如何打的？外交是如何谈的……为了让读者更形象地了解当时的历史，我们精心为各书选配了约百幅插图。这些插图包括但不限于油画和版画。我们希望，通过品味插图的艺术之美，读者获得一种不是穿越胜似穿越的强烈体验，从而更好地对当时的风土人情有更直观的体察。

三、关于注释。为了确保内容的正确性、权威性，版权方进行了大量的考证工作。考证的结果以注释的形式体现。另外，内文中很多涉及地图的地方，我们尽量尊重作者，尊重历史，保存原貌，如有出入，请读者认真分辨。

四、关于译者。本丛书由多所大学的一线英语老师及教授翻译而成。各位老师治学严谨，文笔优美，为确保丛书的质量奉献良多。本书由江西科技师范大学的朱利勇老师翻译而成。

尽管出版前我们做了许多工作，但不足之处实难避免，欢迎读者朋友多提宝贵意见。

前 言

Khan（可汗）不是一个名字，而是一个称号，是对首领或者国王的称谓。自古以来，这个称号就以各种形式在中亚各个部落和国家使用，用以称呼那些不时崛起的当权者和统治者。成吉思汗是其中最伟大的，也是史载以来最杰出的征服者之一。

与本历史丛书中的其他书籍一样，本书所述事件发生在当时的历史时期，现已无法求证，作者无法对所述事件的真实性负责，但所有叙述均有据可查，是目前所获最佳信息资源的忠实汇编。

原 序

当某个历史人物因某些原因而举世瞩目后,历史学家们往往会从不同角度、用不同形式向公众展现这个人物的生平。但在阅读他们的作品时,读者们常常困惑不已,明明是同一个人、同一件事,为何他们的描述却如此不同呢?这是因为不同的读者有不同的需求,而这些历史作品都是针对某一特定的读者群体而编撰的。

在两千万美国人民中,十五岁到二十五岁的青年人大约有两百万,他们渴望了解古代的历史大事。可是,涉世未深的他们却不知道,他们所处的时代与他们所想了解的时代大不相同,思想与观念都发生了巨大变化。因此,如果仅仅编纂、出版现存史料的话,我们是无法满足他们的阅读需求的。而且,在生活环境、思想观念和阅读目标上,这一特定读者群与历史学家们的目标读者也不尽相同,在向他们讲述历史故事时,我们必须做出合理的取舍，把故事讲精彩，把解释说明白，把观点表达清楚。因此，为了满足这些特殊读者的特别需求，我专门编撰了这套历史传记丛书。在编撰本套丛书时，我以上述标准严格要求自己，详细地了解了我的目标读者们的情况与人文诉求，希望我的作品能够满足他们的阅读需求。

目 录

第一章　游牧生活 ················· 001

四种生活方式——北方气候和南方气候——北极地区的动物性食物——热带地区——口味随气候变化而变化——通向文明的五步——亚洲腹地——游牧民族的生活习惯——大家族的集聚——父权统治的兴起——城镇的起源——大首领——成吉思汗

第二章　蒙古民族 ················· 013

蒙古民族——名字起源——蒙古家族——蒙古人的职业——蒙古人的动物——城镇和村落——帐篷建造模式——燃料不佳——毫无舒适可言的家——最终建造出可以移动的房子——涂鸦——移动的大房子——移动的旅行箱——如此安置的必要性——城镇的房子——平原上的路——部落和家族——追求多样性的后果——部落和氏族——发动战争的模式——骑兵——弓和箭——飞奔的骑兵——弓箭的特点——火力的优势——信息来源——歌革与玛各——萨拉姆——萨拉姆及其同伴的冒险——美丽的山——巨大的大螺栓和栏杆——囚徒——旅行者的故事——信息发展

第三章 ｜ 父汗简传 ·· 027

字儿只斤·也速该——蒙古名字正字法——巨大的差异——成功的战士——金国的对抗——铁木真鲁鲁可汗——蒙古的风俗习惯——铁木真诞生——占星师的预言——预言的解释——喀拉善培养铁木真——铁木真的早慧——早期婚姻——铁木真父亲的计划——第一个妻子克尔依术——字儿只斤·也速该之死

第四章 ｜ 首次参战 ·· 035

铁木真继承部落——部落的不满——泰赤兀和察木合——制定计划——铁木真的激情——博尔术——今大其词的描述——与叛乱部落的战争——英勇无敌的铁木真和博尔术——铁木真的示范作用——屠杀泰赤兀——大获全胜——奖赏与荣誉——铁木真声誉鹊起——第二位妻子——字儿帖·兀术被掳走——礼物风俗——字儿帖·兀术与王汗——字儿帖·兀术回归——孩子出生——取名术赤——铁木真的奇梦——臣民的不满——一场叛乱——铁木真气馁沮丧——铁木真计划暂时退位——安排摄政——铁木真离开

第五章 ｜ 王汗其人 ·· 047

克烈金国——王汗的领地——马尔忽思的悲惨命运——马尔忽思妻子的计谋——纳瓦尔——堕入陷阱——武装埋伏——纳瓦尔之死——不可思议的故事——王汗的早年生活——接待铁木真——祭司王约翰——致法王的信——其他信件——可能的事实——铁木真与王汗

第六章 | 流亡岁月 ·········· 055

铁木真大受欢迎——竞争对手和敌人出现——可汗们的阴谋——札木合——韦苏鲁吉娜——札木合失望透顶——札木合怒不可遏——设计阴谋——推进联盟——阴谋者的宣誓——宣誓誓言——哈拉和林——铁木真的计划——铁木真与阴谋者的战争——王汗意外到达——王汗的故事——铁木真的承诺——战争结果——铁木真大获全胜——哈拉和林的状况——额儿客合剌——准备最后一战——额儿客合剌下落不明——王汗恢复王位

第七章 | 决裂王汗 ·········· 063

额儿客合剌——国家状况——游牧习惯——札木合——桑坤——札木合与桑坤的阴谋——欺骗——铁木真现状——铁木真军事远征——受欢迎的指挥官——铁木真的残忍——可能虚构的故事——王汗不安——铁木真——王汗怀疑——和解——再度怀疑——制定计划——背叛——蒙力克——蒙力克提醒铁木真——两对姻缘——计划流产——铁木真营地——喀拉善——王汗的计划——两个奴隶出卖王汗计划——奴隶如何听到计划——召开会议——铁木真制定计策

第八章 | 战争进展 ·········· 073

埋伏——树林和小溪——留守营地的卫兵——王汗军队到达——空欢喜——攻击空置军营——继续进攻——埋伏——铁木真取得胜利——准备公开作战——铁木真结盟——图尔克依力——庄严的联盟契约——苦水——回忆仪式——铁木真的实力——致王汗的信——书信的效果——桑坤愤怒——加入铁木真军队——蒙古人——尝试最后一次谈判——桑坤的回复——小规模冲突

| 第九章 | 王汗之死 ·· 083 |

　　召开会议——曼科卢勒——争论——铁木真任最高统帅——分发奖赏——对两个奴隶的奖赏——铁木真的理由——组建军队——进攻方式——两军对阵——行李——两军碰面——战场——王汗大败——王汗逃跑——与乃蛮部的关系——乃蛮部的讨论——太阳汗——首领们的计划——王汗被砍头——太阳汗的虚伪——处理王汗头颅——桑坤之死

| 第十章 | 诛札木合 ·· 091 |

　　全面获胜——夸大其词——掠夺——大挺进——可汗臣服——桑坤和札木合——札合敢不和女儿——札合敢不的担忧——铁木真的感激——铁木真的答复——札木合逃跑——到达太阳汗领地——太阳汗与札木合交谈——札木合揭露铁木真的性格——阴谋形成——阿拉库斯——铁木真了解阴谋——铁木真受骗——年轻的术赤王子——战争委员会——札木合与太阳汗——铁木真跨越边境——挺进——准备战斗——屈出律和术赤——大战——铁木真再次获胜——太阳汗被杀——札木合被砍头

| 第十一章 | 建立帝国 ··· 101 |

　　组建政府的计划——哈拉和林的宫廷——各位使节——铁木真制定宪法——可汗大选——国家行政区划——军队组织机构——武器军械——狩猎——奴隶——一夫多妻制和奴隶制——妾——阴婚——惩罚偷盗——宗教信仰——自由选择——可汗大会——迪隆伊尔达克——驻地——大片帐篷和成群的牛羊——铁木真的讲话——铁木真当选大汗——送上王位，接受致敬——老通天巫阔阔出——可能疯了——通天师的预言——成吉思汗的称号——可汗们致敬——就职演说——欢庆——可汗们离开

第十二章 | 辽阔的疆域 ·················· 111

哈拉和林——城镇不重要——哈拉和林城——建筑——壮观的驻营地——帐篷的结构——女人的住所——山地和野兽——狩猎——当时狩猎的风险——现代武器——卡宾枪——雷弹——巴黎德维思姆枪生产商——样品——非常危险——野兽比人类更骇人——狩猎大管事——胆小的动物——计策——捕鹿方式——驯马——大沙漠——寒冷——牧场——没有森林——火烧平原上的草——各个部落归顺

第十三章 | 乃蛮余孽 ·················· 121

屈出律逃跑——脱黑脱阿·别乞——卡申——铁木真追击脱黑脱阿与屈出律——逃往不亦鲁黑部落——卡申沦陷——宣言——铁木真回归哈拉和林——不亦鲁黑很谨慎——大战——不亦鲁黑战败被杀——屈出律与脱黑脱阿逃跑——额尔齐斯河——阿迪什——脱黑脱阿的追随者——成吉思汗冬季追击——困难重重——脱黑脱阿之死——屈出律再次逃脱——土耳其斯坦——受到古儿汗的接纳——礼物金雕——兀鲁思·依纳尔

第十四章 | 亦都护 ·················· 129

亦都护——古老的包税制——包税制的罪恶——现代体制——没有利益关系的税务官——独立、公正的法庭——浪费公共资金——少监——亦都护与古儿汗的税官之间的斗争——叛乱——致函成吉思汗——成吉思汗接见使节——亦都护拜见成吉思汗——古儿汗大怒——屈出律的后续历史——哲别——屈出律最终战败逃亡——惨遭哲别追击——屈出律之死——成吉思汗凯旋

第十五章　胡沙虎传 ·················· 137

　　金国——中国长城——边境——长城之外——与金国争端的根源——完颜永济——成吉思汗的蔑视——组建军队——胡沙虎——许多可汗投靠成吉思汗——打败胡沙虎——成吉思汗受伤——胡沙虎狼狈不堪——恢复大权——金国内部的分歧——蒙古进犯——胡沙虎叛乱——永济驾崩——胡沙虎前行战场——胡沙虎取得胜利——高琪远征——战败——胡沙虎大怒——高琪第二次领军作战——沙尘暴——高琪决定孤注一掷——进攻——胡沙虎逃跑——胡沙虎在花园被杀——高琪得以赦免并获升迁

第十六章　出征金国 ·················· 149

　　战争继续——富饶的国家——大入侵——四路大军同时进攻——军队的热情——俘虏——丰厚的战利品——可怕的劫掠——俘虏的基本用途——蒙古军的征服范围——围困燕京——提出协议条件——不同的观点——关于这个问题的讨论——接受条件——同意和平条约——皇帝的不安——磋商——舍弃都城——卫军叛变——再次围攻首都——完颜和抹捻——他们的混乱——提议自杀——绝望中的完颜——完颜自杀——抹捻的计划——妃子们的请求——木华黎洗劫城市——大屠杀——抹捻的命运——宝物——扩张征服——任命丞相

第十七章　苏丹穆罕默德其人 ·················· 161

　　西方伊斯兰国家——苏丹穆罕默德——花剌子模——提议派遣使节——马哈木和随从——使节讲话——父子之称——苏丹穆罕默德不满——私人会晤——交谈——苏丹穆罕默德愤怒——马哈木委婉回复——苏丹穆罕默德让步——签订条约——成吉思汗非常满意——开放贸易——商人漫天要价——惩罚商人——另一队商人——巧妙经营——成吉思汗组建商队——使节——伊斯

兰教徒——朝廷信使——大型聚会——沿途保卫——巴格达哈里发——苏丹穆罕默德的要求和哈里发的答复——苏丹穆罕默德召开会议——苏丹穆罕默德复仇计划——出兵——战败——哈里发的计划——反对哈里发意见——哈里发争辩——给成吉思汗的信——巧妙策略——成吉思汗回复——商队抵达讹答剌——总督背叛——大屠杀——成吉思汗听到消息——宣战——准备

| 第十八章 | 西征花剌子模 ································ 175 |

集结军队——武器和盔甲——战时条例——开始行军——术赤部队——苏丹穆罕默德的准备——苏丹穆罕默德的军队——苏丹穆罕默德的计划——苏丹穆罕默德追上术赤——将军们的意见——术赤不愿听从建议——术赤的决定——战争开始——两败俱伤——术赤撤退——父亲接待——蒙古军胜利——苏丹穆罕默德的计划——飞驰的骑兵——成吉思汗

| 第十九章 | 连续破城 ································ 183 |

不花剌城——扎尔努克——立刻投降——乌尔城——乌尔城的命运——开始围攻不花剌——苏丹穆罕默德的焦虑——截获的信件——逃兵——占领外墙——守军大突围——撤出城市——追击——追上逃亡者——投降——约定条件——堡垒总督——成吉思汗入城——交出贵重物品——清真寺的皇帝——亵渎清真寺——成吉思汗发表演讲——居民交出一切——冲突——堡垒投降——城市彻底毁灭——占领讹答剌的消息——讹答剌的防御计划——出口——向成吉思汗提议——重新围攻——攻陷外墙——孤注一掷的斗争——哈拉察与总督——叛国——背叛的惩罚——蒙古军入城——堡垒掀起风暴——总督孤注一掷——英勇、忠贞的总督妻子——总督的命运

第二十章 | 继续西征 ································ 197

战争继续——昔格纳黑——哈桑——被谋杀的使节——术赤复仇——术赤的总方针——策略描述——被攻陷的城市——美丽的城市——别纳客忒——占领别纳客忒——掠夺安排——忽毡——帖木儿·灭里——帖木儿的防御准备——投石机和攻城槌——浮动炮台——沼泽——冲突胶着——假装投降——没有石头——建立防波堤——水中骑兵——帖木儿的船——防火罩——火船和桥——桥烧掉了——追击——水中作战——船只搁浅——帖木儿冒险——最终逃脱——总督家人——忽毡投降

第二十一章 | 苏丹穆罕默德之死 ·························· 209

追击苏丹穆罕默德——两位女士——太后的性格——可敦——可敦退位——撒马尔罕——当地防御工事——水利工程——城门和瞭望塔——成群结队寻求庇护——驻营——蒙古军到来——城市内部的纷争——争端——大屠杀——总督逃跑——苏丹穆罕默德孤立无援——送走财宝——逃跑与沮丧——死里逃生——追击者的愤怒——扎兰丁探望——临终遗言——去世与安葬——可敦在花剌子模——残忍对待俘虏——纷争——可敦逃跑——可敦固执己见——讨厌扎兰丁的原因——围困城堡——总督的希望——想要下雨——痛苦不堪——俘虏太后——残忍对待太后

第二十二章 | 凯歌高奏 ································ 221

继续征服——扎兰丁的努力——扎兰丁灰心丧气——总督的建议——再次努力——计谋——虚构的士兵——一只战马引起的纷争——不满——扎兰丁兵力分离——峡谷大战——下令活捉扎兰丁——离开家人——渡河逃跑——对追击者的蔑视——马的挣扎——树上过夜——扎兰丁遇到朋友——大部分人逃

跑——迫切需要——扎马兰拉德的及时援助——苏丹穆罕默德家人的命运——沉没的宝藏——扎兰丁的结局——包围——木头代替石头成为武器——现代炸弹——运来石头——奴隶的工作——盾牌——防火保护——小心谨慎——试图抵抗——库布鲁——高尚的精神——杀害库布鲁——胆怯——守军的故事——民众绝望——处置囚犯的方式——大屠杀——暴行——珍珠——母亲复仇——伊斯兰宗教信条——成吉思汗的观点——宗教教条精神

| 第二十三章 | 盛大庆祝 ········· 237 |

大型狩猎活动——狩猎目标——整体计划——时间来临——命令——围猎进行——动物的恐惧——内包围圈——野兽的境况——王子们进入围场——恐吓野兽——受到攻击时恢复凶猛——屠杀——年轻人的请求——围猎结束——别纳客忒大会——成吉思汗儿子们回归——战马礼物——可汗到达——盛大娱乐——酒饮——规模庞大的驻地——驻地布局——大帐篷——王位——处理事务——离开——散会

| 第二十四章 | 天骄陨落 ········· 247 |

长子之死——灾难的影响——攻打中国的计划——可汗的儿子们——病情——病情每况愈下——临终讲话——其他安排——皇帝驾崩——陵墓和纪念碑——拜会新皇——帝国的命运

| 附　录 | 专有名词汉英对照 ········· 253 |

第一章

游牧生活

精彩看点

四种生活方式——北方气候和南方气候——北极地区的动物性食物——热带地区——口味随气候变化而变化——通向文明的五步——亚洲腹地——游牧民族的生活习惯——大家族的集聚——父权统治的兴起——城镇的起源——大首领——成吉思汗

人类分为不同的群体。各群体通过四种不同的方式获取地球资源，从而谋生。每种生活方式都有特有的社会组织制度，主要特征也各不相同。每种群体有自己独特的管理模式、礼仪细则和风俗习惯。总之，每种生活方式都与众不同。

以下为四种生活方式：

（一）在自然界猎捕野生动物；
（二）在牧场饲养、驯服动物；
（三）采集自然界天然生长的瓜果蔬菜；
（四）在开垦的土地上，人工种植果树、谷物和蔬菜。

前两种生活方式以肉食为主，后两种以素食为主。

古代人猎捕野生动物

几个在开垦过的土地上休息的人

当我们从温带走向北极，会发现人类越来越依靠肉食生存。这大概是上帝的旨意，因为北极地区几乎没有适宜人类食用的植物，但动物种类繁多，且肉质营养丰富。

当我们从温带走向赤道，会发现人类越多地依靠素食生存。这似乎也是大自然的杰作。在热带地区，适宜人类食用的动物极少，但素食种类繁多、营养丰富。如各种各样的水果、根茎类植物以及其他植物产品等。

地域不同，物产也不一样，生活的种族也不尽相同。居住在格陵兰岛和堪察加半岛的部落无法适应素食，因为素食会让他们失去健康、精力和活力。如果吃清淡的素食，他们很快就会变得消瘦、憔悴。同样，热带地区的素食种族也是这样，他们吃大米或者面包，以及香蕉等水果，从而保持身体健康。如果吃海象、海豹、白熊之类的肉类，他们就会生病。

温带地区物产丰富，不但有动物，而且有植物。动物肉质宜人、品类多样、充满活力，各类果蔬、根茎类和谷物等营养丰富、种类繁多。居住在温带地区的人的身体结构与居住在热带和极地地区的人不同。在温带地区，人们可以以素食为生，也可以以肉食为生，还可以兼而有之。食物结构也会因人而异，因季节变化而不同。有人需要肉类，有人需要素食，用来保持身心健康。而

第一章 游牧生活

生活在堪察加半岛上的部落居民

且个人口味也会因季节不同而发生变化。夏季,对瓜果蔬菜的需求随着太阳北上增多;冬季,对肉食的需求随着寒流南下增多。

考虑到地球上不同地区动植物的分布不同,我们就能明白,人类调整体质是为了适应不同气候、不同季节的变换,是神圣上帝的智慧安排。单纯用肉食或者素食限制人类,会在地球上留下大片的无人区。

基于动植物对应的纬度分布，在人类生活的各个地区，北方寒冷地区的野蛮人以狩猎为生，赤道附近的人依靠野生植物、蔬果和根茎为生。无论在哪里，人类迈向文明的第一步，要么是驯化动物，饲养家畜；要么是保存粮食种子，在自己的土地上耕种粮食。而前者主要分布在北方温带和北极等驯养动物能够存活的地区，后者主要分布在热带地区的半文明部落。

自古以来，亚洲大陆腹地的部落和氏族在文明的进程中，都停留在了这一步，一直没有向前迈进。他们不像北美印第安人，以狩猎野生动物为生，而是靠饲养、放牧驯化的牛羊生存。这些动物以草为食，由于草和低矮植物必须生长在开阔的地方，因此，久而久之，森林逐步消失，取代森林的是水草肥美的草原和覆盖着草皮的光滑山坡。平原和河谷地带遍布着游牧民族的脚步。游牧民族居住在帐篷里，或者易于拆卸的流动小屋中，跟随水草的足迹，赶着牛羊从一个牧场到另一个牧场。

从《旧约》中的亚伯拉罕和罗得，我们可以清楚地了解游牧生活的特点、生活方式和风俗习惯，以及由此产生的家庭结构。牧民赶着牛羊在幼发拉底河和地中海之间放牧，住着随时可以拆卸的帐篷，跟着牛羊在不同的牧场游走。土地无论在哪里都一样，牛羊是他们的全

北美印第安人狩猎野牛

部财产。有时，两个部落到达同一处水草肥美的地方，就会发生争夺放牧权的情况。如果双方首领没有达成和睦友好的协议，争夺就会演变成斗争和冲突。

　　父亲是大家族的大家长和统治者，通常与儿子、儿媳和孙子们生活在一起长达数年。儿子、儿媳和孙子们遵从大家长的权威，赶着牛羊，跟随大家长从一个地方迁到另一个地方。他们也会雇佣一些牧民、仆人和随从，组成一个大型部落。有时，在与其他游牧部落敌对的情况下，大家长可以从自己的家族中派出几百人组成武装力量。在牧区迁徙中，如此庞大的家族就像是一支庞大的游行队伍。驻扎下来后，他们会形成一个小型城镇。

　　大家族的家长去世后，家族并不会解散，而是仍然在一起，由长子继承父亲的统治地位，成为家族的首领和统治者。从防御角度来看，这非常有必要，因为他们随时有可能与同一地区其他游牧民族发生冲突。不过，在比较睿智、能干的首领带领下，强势的部落很有可能吸引其他弱小部落加入自己，或者找借口发动战争，征服弱小部落。这样，随着时间的推移，就会形成一个小国家。在能力出众的首领带领下，国家会越来越强大，越来越团结，最后按照各自起源进行分封，然后再次融合其他部落。

第一章 游牧生活

从本质上来说，这就是游牧生活的起源。当然，随着时间的流逝，部落的规模会越来越大，最后形成城镇，成为制造工具和武器的地方，或者买卖武器的商人休息的场所。但这样的地方相对较少，也不是特别重要，因为游牧依然是广大游牧民族的主要生活方式。在亚伯拉罕之前，从幼发拉底河岸到整个亚洲地区，从地中海到太平洋，从早期到现在，这种情况几乎一直没有改变。

亚伯拉罕

成吉思汗

由于历史记录有限，统治游牧民族的各个首领中，举世闻名的并不多见。有些非常著名的征服者的统治范围非常广大，其中最引人瞩目的当属历史上的英雄人物——成吉思汗。亚伯拉罕去世三千多年后，成吉思汗登上了历史舞台。

第二章

蒙古民族

精彩看点

蒙古民族——名字起源——蒙古家族——蒙古人的职业——蒙古人的动物——城镇和村落——帐篷建造模式——燃料不佳——毫无舒适可言的家——最终建造出可以移动的房子——涂鸦——移动的大房子——移动的旅行箱——如此安置的必要性——城镇的房子——平原上的路——部落和家族——追求多样性的后果——部落和氏族——发动战争的模式——骑兵——弓和箭——飞奔的骑兵——弓箭的特点——火力的优势——信息来源——歌革与玛各——萨拉姆——萨拉姆及其同伴的冒险——美丽的山——巨大的大螺栓和栏杆——囚徒——旅行者的故事——信息发展

三千年的时间足以让世界产生巨变,在这段时间内,中亚地区形成了许多不同的民族和民族聚居地。鞑靼泛指整个种族,蒙古族只是其中的一支。据说蒙古一词来源于蒙古可汗,是早期最强大的首领的名字。可汗的后代用他的名字来称呼自己,正如雅各十二个儿子的后裔都称自己为以色列人,或者以色列的子孙一样。以色列是大族长的名字,他的十二个孩子就是犹太人十二个支派的后裔。蒙古人居住的土地叫作蒙古。

要弄清楚一个蒙古家庭的概念,首先,我们需要勾勒一个身材矮小、长相敦实、头发黑长、脸庞扁平、皮肤呈深橄榄色的人物形象。蒙古女人如果脸庞不是很扁平、鼻子不是很宽的话,也算得上小巧玲珑、美艳无方。她们的眼睛漆黑,瞳孔闪亮。在山坡上和牛群一起跑闹喊叫的蒙古儿童,有时会在小屋门前裸露着上身玩耍。

长长的黑发随风飞舞的蒙古少年,和印第安人的孩子很像。

与中亚地区其他民族一样,蒙古人整体以牛羊产品为生。他们的主要工作是白天放牧,晚上把牲畜赶到安全的地方,照料养育幼崽,用牛奶做黄油和奶酪,用皮毛做衣服,驱赶牲畜转换牧场。此外,他们还要向其他部落发动战争,解决领土争端,或者抢夺其他临近部落的牛羊,增加储备。

蒙古人最为珍视的动物是骆驼、牛、绵羊、山羊和马。他们最以自己的马为骄傲,骑在马上就英勇无比、容光焕发。他们通常骑马作战,武器有弓箭、长矛、剑或者刀等。这些武器大都在西部城镇制造,可以从旅行商队购得。

虽然大部分人和他们的牛羊生活在野外,但蒙古也有很多城镇和村落,只是城镇人口稀少,而且与农耕地区相比,不是特别重要。有些主要城镇是可汗和部落首领居住的地方,还有一些是制造业和商业中心,多有土堤或石墙防护。

即便是在城镇,普通百姓的住处也是便于拆卸运输的简陋小屋。帐篷由木杆围栏支撑,下部呈圆形,顶部为圆锥状,框架与印第安人的小屋类似。木杆顶部装有

蒙古女人

铁箍，可以通过铁箍排出室内的烟雾。木杆围栏框架外面裹上灰色厚毛毡。铁箍上面留有活动的开口，下面的一块毛毡作为帐篷的门，能够自由地开合。毛毡拼接处被仔细捆扎绑好，用以保暖，尤其在冬季，阻止冷空气的进入。

帐篷的中央位置用来生火，主要用收集来的木棍、树叶、干草以及干牛粪做柴。由于木头较少，因此人们收集动物的干粪便用来烧火。蒙古人以放牧为生，所经过的地方树木稀少，也没有机会生长。

如此建造的蒙古包毫无舒适性可言。冷空气不断从缝隙侵入，建筑内无法保暖。虽然人们已经想方设法把

蒙古包

第二章 蒙古民族

蒙古包捆扎结实,但还会留有缝隙。烟雾也无法从顶部充分释放,帐篷内空气污浊。使用的燃料恶化了这种状况——由于燃料质地的原因,燃烧时只能产生闷火,不像干柴一样,能够燃烧充分,产生明亮的火焰。

  风俗习惯导致蒙古人的小屋和帐篷更谈不上舒适。当时盛行的风俗允许牲畜进入建筑,尤其是幼小或者体弱的牲畜,甚至可以和人一起在帐篷里居住。随着时间推移,人们越来越富有,建造技能也越来越成熟。一些富有的首领开始修建房屋。房屋宽敞美观,但不易拆卸运输。于是他们想出办法,把房子放在车子的四个角上,穿越平原更换牧场,像桌子在地板上移动。当然,房子要足够轻巧,方便搬迁。实际上,这些房子本质上依然是帐篷,原材料也毫无变化,只是更加结实、更加美观。木杆框架,质地轻巧,但是永久固定在一起。帐篷依旧用毛毡围裹,但每片毛毡都紧密地缝在一起;帐篷外整体刷上涂料,不仅填充了毛毡上的毛孔和间隙,还使它质地更加紧实,也能起到装饰作用。他们的涂鸦多是鸟、野兽和树木。无疑,在他们眼里,这样的图案是美艳绝伦的。

  有时候,这些可以移动的房子体型非常庞大。一位旅人曾经目睹了成吉思汗时代的建筑搬迁。这位旅人说房子直径达三十英尺[①]，由二十二头牛拉着。房子大到放在车上每边都超过车轮五英尺，无法像现在一样让牛拉着中间前进，而是让牛拉着车轴的两边。每一边有十一头牛和很多驾驶人员。房子门朝前移动，其中有一个主驾站在门口，做出各种手势，大声向牛和其他驾驶人员发出指令。

　　首领搬迁时，人们把家用物品一律打包放在箱子里。房子里面的东西会全部清空，使房子轻巧便于搬迁。箱子用枝条或者做篮子的材料编成，裹上毛毡，状大且圆，方便雨水滑落；毛毡涂有特殊材料，可以防水。到达目的地之后，人们不用拆包拿出物品，而是保持原样，将箱子作为仓库。器具、衣服及其他物品都在箱子里。箱子排成几排，分别放在靠近帐篷或者房子的车上，方便仆人和随从随时拿取。帐篷在中间，各个大箱子在帐篷附近的车上，像一座房子。帐篷是一个独立的大房间，其他小房间和箱子列队排在周边。

　　显然，想要实现短时内自由搬迁，这样安置非常必要，尤其是所有家具行李同属一个人。从建造原理来说，帐篷并不能分隔成几个房间，或者安放过多家具。当然，对家产丰富的蒙古大人物来说，这种特殊设计的安排就

[①] 1 英尺 =0.3048 米。——译者注

非常有必要。他们集聚了大量的财产，需要不时转运搬迁。据说，有一位家底丰厚的蒙古人，拥有两百个这样的箱车，在帐篷周围和后方排了两圈。在目的地驻扎安顿之后，这些箱车看起来非常像一个小村子。

蒙古人的帐篷和移动房子的建筑风格，为他们的房屋建筑开创了先河。城镇里的房子即便是永久建筑，也采用这种风格。这些房子和帐篷差不多，只有一所房子，没有其他房间。房子也是圆形的，像个帐篷，只是顶部没尖，像是一个穹窿，地面上没有地板，墙上也没有窗。

成吉思汗时期蒙古人的居住情况大体如此，四处迁徙是游牧生活的特征。可能有人觉得路况必须要好，因为好的路况便于搬迁庞大的家业。除此之外，还有别的原因。蒙古人主要居住在广阔的草原和平坦的河谷上，车轮滚动着踏过草原，非常方便。同时，在草原和河谷上，人们赶着牛羊来回迁移，落入同样的行驶轨迹。久而久之，牛群在牧场上来回奔跑，轨迹会越来越明显。稍微经过人工改造，就成为夏日较好的路。冬天，路就不再有什么用途。

和古代的犹太人一样，蒙古人也划分为部落，然后细分为家族。一个家族不是一户人家，而是联合了多个家庭。这些家庭互有亲缘关系。每个家族有自己的首领，家族所属的部落也有一个大首领。据说，当时蒙古有三个这样的部落，形成了蒙古人的三个分支。每一个分支由一个可汗统治，有一个大汗统治着全部三支部落。

在游牧国家，这样的社会结构非常普遍。稍加思考我们就能明白，这种结构非常合理。西方国家的人追求多样性，不同家族的后代混乱杂居。农场主的儿子到了年龄就会离家，从一个州去另一个州，由于希望自己成为一名商人或制造商，因此会找个相关的工作。农场主自己会雇佣喜欢农业的人代替孩子的工作，这些人也离家千里到这里工作。这样，多年后，同一个祖父母的后代可能会散居四面八方，有时甚至会分布世界各地。

在美国这样的国家，人们普遍追求多样化。这与个人能力和个人兴趣的多样化有直接关系。也因此产生了家族人口散居各地的局面。

游牧民族的生活则截然不同。由于缺乏离家的诱因，年轻人长大之后会继续和父母亲戚居住在一起，共同照料牛羊牲畜，拥有共同的爱好，发展共同的事业。这样，就形成了大的家族群体，在牧区以部落或氏族的形式存在，构成整个社会的组成部分。

在战争中，通常各个部落都会组织一支武装力量。武装规模与各个部落的人口数量和实力比例相当。这些

第二章 蒙古民族

战士骁勇善战，骑着骏马在草原飞驰而过的场景非常壮观，与敌人对战更是令人惊叹。他们装配着弓箭和刀剑。接近敌人时，全速前进，箭矢连发，然后收起弓斜挎在身上，抽出刀剑，战马接近敌军便挥刀对敌，愤怒地给敌人致命之击。

如果遭遇强敌，被迫撤退，战士们会骑马在草原上全速飞驰，同时冷静地回头向敌人射击，目标准确，效果奇佳，犹如射箭之人在静止不动射击一样。撤退的时候，口中发出声音指挥战马，脚上力量控制战马进退，双臂解放出来对抗追击者。

据说，箭是杀伤力很强的武器。有个当时参观过这个国家的旅人说，箭矢的力量可以完全穿透人体。

但我们必须牢记，就弓和箭的效能而言，箭的杀伤力不在于弓，而在于拉弓的人。射箭的力来自拉弓人的力量，所以箭的力度最终还是靠拉弓人的力量和技能决定。如果弓的推送力不大，或者说拉弓的人没有技巧，力量就发挥不出来。但如果使用最好的弓，最好的弓箭手，靠的一定是弓箭手手臂的力量。

这与子弹在火药的推动下从枪管射出的原理截然不同。子弹依靠的是火药爆炸的力量。无论枪手力量大小，子弹都可以射出同样的距离。

成吉思汗

重回蒙古人的主题。本书中所有成吉思汗之前的信息都来自于旅人的报告,要么是商人,要么是国王或者国王的使者。他们长途跋涉到达偏远地区,或多或少将自己的冒险经历写成文字,留下见闻录,由东方学者保存。见闻录的可信度到底有多大,我们无从知晓。学者萨拉姆是一位著名的旅人,在成吉思汗统治之前,萨拉姆受穆罕默德·阿明·比拉哈里发[②]的派遣,深入亚洲腹地。他说,他调查研究的目标之一就是确定两个著名的民族——歌革与玛各的真实性。在他的描述中,称为雅各和玛各。这个阿拉伯作家讲述的故事曾广为流传。这个故事说,雅各人身材标准,与常人无异;而玛各人只有约两英尺高。雅各与玛各两个民族与邻国发生战争,毁坏了许多城镇,最后他们被打败,关进监狱。

萨拉姆在伊斯兰国王的派遣下前去确认故事的真实性。他率领五十人的队伍,由骆驼驮着整年的供给,开启旅程。这趟旅行持续了很长时间。萨拉姆回来之后讲述了他的行程,他说雅各与玛各的故事真实可信。萨拉姆和他的队伍从一个地方走到另一个地方,直至到达里海;又沿着里海走了三四十天,到达一片土地。这是一片低矮的黑土地,一路恶臭难闻,旅人不得不用香水来

[②] 哈里发是伊斯兰国家对政治、宗教领袖的称呼,阿明·比拉哈里发是阿巴斯王朝第六代哈里发,在巴格达即位,后死于内战。——译者注

掩盖熏天的臭气。十天后,他们终于穿过了这片恶臭的土地。此后,又用一个月的时间穿过一片沙漠,最后到达一片沃土。沃土上满是城市的废墟,正是被雅各和玛各人毁掉的地方。

六天后,他们到达一个国家,那是雅各和玛各大败之后遭囚禁的城市。他们发现了很多城堡,还有一座很大的城市。城市里有寺庙和学术机构,还有国王的住地。

萨拉姆和他的队伍在这座城市居住了一段时间,还用了两天时间出去旅行,参观了囚禁雅各人和玛各人的地方。抵达囚禁之处,他们看到了一座高耸入云的大山。大山入口开阔,约两三百英尺宽,由巨大的扶壁保护;开口之间有巨大的双开门,扶壁和门都由铁铸成。扶壁被铁墙覆盖,上面还有一个高耸的铁塔,与山同高。门与山的开口一样宽,门高约七十五英尺,门阀、门楣、门槛、门栓、门锁和钥匙一应俱全,而且与门的比例完美契合。

萨拉姆来到这个地方,亲眼见到这些奇观。有人告诉他城堡总督的习惯:每周五总督会和其他十人一起骑马来到大门口,用五磅重的铁锤敲击三下门栓,就会听到里面小小的声音传出来,那就是关押在大山里面雅各和玛各人的呻吟。确实有人告诉萨拉姆,这些可怜的俘房经常出现在城垛上。因此,在萨拉姆看来,这就是雅各和玛各人真实存在的证据,甚至故事中所说的玛各人个子矮小也得到了佐证。因为有人告诉萨拉姆,有一次大风,将三个玛各人从墙垛上吹落到地面,经过测量,他们只有二十七英寸高。

这是那个年代最有学识、最有成就的旅行者从遥远的国度带回的故事。我们发现,这些荒谬的故事与洪堡、利文斯通和凯恩等现代人从遥远地区带回的故事相比,人类已经取得了信息情报方面的长足发展。

第三章

父汗简传

精彩看点

孛儿只斤·也速该——蒙古名字正字法——巨大的差异——成功的战士——金国的对抗——铁木真鲁鲁可汗——蒙古的风俗习惯——铁木真诞生——占星师的预言——预言的解释——喀拉善培养铁木真——铁木真的早慧——早期婚姻——铁木真父亲的计划——第一个妻子克尔依术——孛儿只斤·也速该之死

成吉思汗父亲的名字无法用英语精确发音，听起来像 Yezonkai Behadr，重音在最后一个音节上，Behadr 中 a 的发音有点类似 hark 中 a 的发音。这已经是最接近的英语发音，因为这是纯正的蒙古名字，读音和拼写都无法用纯正的英语表达。

事实上，在所有语言当中，蒙古语与英语的差别最大。两种语言发音体系不同，字母所代表的发音也不一样，甚至有些发音与英语完全不一样，根本无法用英语拼写。特别是蒙语中人们唤马或唤狗的发音，或是吹口哨的声音，根本无法用英语表达。有时，英语作者会试图用"whew"来表达口哨声。我们读对话的时候，会遇到 whew 这个词，插入"whew"来表示说话人发出的声音，蒙语中应该理解为吹口哨。但是，whew 所代表的口哨声和其本意差距是多么大啊！

现在的亚洲语言当中,很多发音无法用欧洲字母拼写,不同作者会用不同的方法表达。这样一来,成吉思汗父亲的名字,不同历史学家和旅行家会用不同的拼写,如,Yezonkai、Yesukay、Yessuki、Yesughi、Bissukay、Bisukay、Pisukay,等等。其实,正如这些互不相同的拼写一样,"也速该"真正的发音与以上这些都不尽相同。本书采用第一种拼写形式,称他为 Yezonkai Behadr。

也速该是个大汗。大汗之位据说是从神灵传下来的,到他这里已经传了十代。当时国家的伟大君主非常喜欢追溯自己神圣的来源,从而在人民心中建立君权神

孛儿只斤·也速该

第三章 父汗简传

授的思想。最接近也速该居住的宫殿名称的英语发音叫作 Diloneldak。宫殿所在的地方也是也速该的大本营。他常常找各种借口带领蒙古军队对周边国家发动战争。也速该是个技能高超的指挥官，也具有较强的影响力，经常诱导势力较弱的可汗带领大批人马投靠，而且通常都能够获得成功。也速该活着的时候帝国疆域拓展得非常辽阔，为后期他儿子的征服大业打下了坚实的基础。

当时，中国南北方完全分离，分属不同政府。北方是一个独立的国家，叫作金国，由金国皇帝统治。金国皇帝非常嫉妒也速该的势力崛起，因此参与了周边部落所有反抗也速该的战争，协助他们抵抗也速该，但都失败了。也速该太过强大，不断向远方拓展自己的疆域。

最终，也速该以"受到侮辱"为借口，向强大的邻居塔塔尔部落发动了战争，带领蒙古大军侵入了塔塔尔人的领土，开始驱赶掳掠他们的牛羊牲畜。

统治着这片土地的可汗叫铁木真，他迅速集结兵力开始应敌。这场大战也速该完败铁木真。战后，在一座大山附近的阿穆尔河岸，也速该安营扎寨，与全家人生活在一起。按照当时的传统，首领四处征战时，不仅带着自己所有的家眷，还带着全部家当。也速该有几个妻子，其中一位叫诃额伦。也速该刚下战场，诃额伦就生下一个儿子。为了庆祝胜利,也速该决定用刚打败的敌人给孩子命名,于是孩子就叫铁木真。现在基本可以确定铁木真的出生时间是公元 1162 年。

这就是我们的英雄诞生的环境,这就是后来成为成吉思汗、在整个亚洲叱咤风云的铁木真。但是在铁木真的整个早年,他都在用出生时父亲在帐篷里给他起的名字,并且一直生活在出生的地方。

当时有一位老占星师,名叫苏古今,是也速该的重臣之一,也是也速该的亲戚。他用占星技能为铁木真进行占卜,预测到铁木真未来事业辉煌。占星师说,铁木真长大后会成为一名伟大的斗士,征服所有敌人,拓展自己的疆域,最后成为塔塔尔人的可汗。铁木真的父母听后非常高兴。不久,占星师亡故,铁木真的父母指定占星师的儿子喀拉善监护、教导铁木真,放手让他教导年幼的铁木真,尽早做准备,实现老占星师的伟大预言。

成吉思汗诞生的时候,这样的预言意义非常重大,因为后来,如果不算其他占卜师的类似预言,这些预言全部实现。当时,占星师和占卜师经常向铁木真的父母敬献此类预言。这样的预言非常顺耳,会使他们备受关注,获得青睐。最终,如果预言成真,就永远流传下来;反之,则随风而逝。

第三章 父汗简传

老占星师的儿子喀拉善被任命为小铁木真的老师。这位老师制订培养计划，教导铁木真。喀拉善才华横溢、知识渊博、无所不通，是国家的佼佼者。他教授铁木真周边各个国家和统治者的名字和国家地理知识，他给铁木真讲述各个山脉，江、河、湖、海以及横亘在肥沃地区之间的各个沙漠。同时，他还教铁木真马术，对他进行各种体格训练；训练铁木真在马上马下使用武器、拉弓射箭、握刀挥剑等；他特别教授铁木真在战马奔腾的时候四面开弓放箭的技能。当然，要想能够在奔腾中冷静、娴熟并且箭无虚发，需要大量练习，还需要勇气、坚毅和集中精力。

小铁木真努力学习老师传授的知识，但很快就失去兴趣。据说，他九岁的时候只愿练习使用武器。

对美国人来说，九岁还是个孩子的年纪；对铁木真来说却不一样，因为亚洲人比西欧和美洲人早熟。铁木真九岁的时候，他的父亲就认为他已经长大成人，至少是已经到了可以结婚的年龄。事实上，如果历史学家没有弄错的话，铁木真确实结婚了：他十五岁时就已经是两个孩子的父亲。铁木真快满九岁的时候，他的父亲在与金国的战争中战败，大部分随从逃脱，也速该被俘成为囚徒。当然，他只是在帐篷或者马背上被人看管，没有被监禁。也速该跟随着监管他的人，后来通过贿赂看守成功逃脱。最终历经千难万险回到祖国。

也速该决定用更加强大的兵力对金国发起新的进攻，于是他与相邻的乃蛮部结盟。为了巩固关系，也速该让儿子与这个部落的女儿结婚。铁木真当时只有十三岁。第一个妻子的名字需改为"克尔依术"，至少她名字中的一个字是这样的，她父亲是太阳汗[①]。

也速该在入侵金国的计划日趋成熟的时候病逝。据说他共留下五个儿子和一个女儿。尽管铁木真只有十三岁，他还是作为长子继承了父亲统治的王国，如果把他父亲统治的部落称为王国的话。

[①] 太阳汗，也可译作"太阳罕"或"塔阳汗"，是蒙古游牧部落乃蛮部的可汗，原名拜不花。——译者注

第四章

首次参战

精彩看点

铁木真继承部落——部落的不满——泰赤兀和察木合——制定计划——铁木真的激情——博尔术——夸大其词的描述——与叛乱部落的战争——英勇无敌的铁木真和博尔术——铁木真的示范作用——屠杀泰赤兀——大获全胜——奖赏与荣誉——铁木真声誉鹊起——第二位妻子——孛儿帖·兀术被掳走——礼物风俗——孛儿帖·兀术与王汗——孛儿帖·兀术回归——孩子出生——取名术赤——铁木真的奇梦——臣民的不满——一场叛乱——铁木真气馁沮丧——铁木真计划暂时退位——安排摄政——铁木真离开

在蒙古及其邻居塔塔尔人的语言里，有一个词表示由一个首领统治联合在一起的部落，这个词发音像是orda，据说这是英语单词 horde 的起源。

也速该死后，将统治的部落留给儿子继承。这个部落由多个不同的小部落组成，而且每个部落都有自己的首领。也速该在世时，每个小部落的首领都甘愿服从他的领导和统治，认为也速该指挥才能出众，能够带领大家共同御敌。然而，也速该死后让一个十三岁的孩子继承一切，使得几个不服气的部落准备发动叛乱。其中有两个部落认为自己统治能力强大，绝对超越一个十三岁的孩子，于是他们彼此结盟，同时吸纳了其他部落加入，领兵三万，向铁木真宣战。

这两个反叛的首领分别是泰赤兀和察木合。

年轻的铁木真主要依靠母亲的指导应对这次紧急情

况，他本人也勇猛无比，斗志昂扬。虽然勇敢和斗志在战场指挥作战时至关重要，但在真正的战斗中，它们绝不是制定初步战争计划所需的主要素质。

铁木真将作战计划交给母亲准备，自己只考虑战马、武器装备以及战争开始时如何在战场上冲锋陷阵。母亲和也速该依赖多年的军官、幕僚一起制定计划。他们派出信使向所有可信的部落送信，告知指定的集合地点，

铁木真

第四章 首次参战

安排需要储备的物资，规定行军顺序，确定不同部落氏族之间的次序，解决其他必要的细节问题。

铁木真只关注即将到来的战斗，全神贯注于马上马下的战术动作和四面开弓的射箭技巧。不是所有行动都是无用的表现，铁木真表现出的热情唤起了各个首领和他们的军队的激情。各位首领为铁木真表现出的激情和勇气而自豪，更加全心全力地拥护这位年轻首领的事业。

另一位与铁木真年龄相仿的年轻的王子博尔术也充满斗志。他是忠于铁木真的部落首领之一，也非常期待这场战争的降临。

一切就绪，铁木真与母亲领兵向叛军进攻，叛乱的部落也准备迎战。据历史学家记载，叛乱部落约有战斗力饱满的三万人。由于缺乏正式的部队注册登记制度，也没有严格的计数体系，这个数字可能和当时所有数字一样有所夸张。

这场战争声势浩大。初入战场时双方骑兵朝向对方全速前进，万箭齐发；靠近一些后弃箭拔刀，疯狂地扭打在一起，这让彼此都惊骇不已；现场的混乱和恐怖无法言喻。空气中恐怖的喊叫、愤怒的嚎叫、痛苦的尖叫以及胜利的呐喊交织在一起。有些士兵忍受着一切，在震怒中坚持作战；有些则跌落在地，被踩踏进滚滚黄尘。

战马上下人群混杂，战士们挥刀四向，砍伤士兵和战马，将受到的伤害再次传递出去。

铁木真和博尔术与众人一同在混战中奋勇作战。铁木真完全暴露在战场中。周围众人认为他们应该保护铁木真，因此竭尽全力保护他免受危险。当时，这种方式便捷有效，而现在，火药是主要的破坏源，二者不可同日而语。

铁木真的身边有随从和士兵聚集使他免受攻击。任何可能伤害到他的攻击都不会靠近。但现代战场上，没有能力保护年轻的首领或者将军的儿子这些比较重要的人物，任何侍从都无法抵御爆炸的炸弹和远处飞来的来福枪子弹。

战争过后，无论是由于随从的保护还是归于战场上的幸运，铁木真毫发无损，展现的勇气和能力也受到见证者的赞扬。铁木真的母亲也在战场，可能只是指挥调兵遣将，没有上阵作战，但她的参与和行动深深鼓舞和激励了大家的斗志。她的出现同铁木真的英勇和激情为军队注入了莫大的勇气和能量。最终敌军溃逃。对方的首领之一泰赤兀死在战场上，另一位战败逃走，留下土地归铁木真及其母亲统治。

当然，经过了作战英勇且成就显著的战斗，人们已经不再将铁木真当成是个孩子。铁木真已经是一位可以

蒙古骑兵作战

匹配自己地位的优秀首领。全军将士都将他视为年轻的首领和统治者。抛开年龄，铁木真已经有完全的权力和足够的能力以自己的名义统治部落。他就像一个当政多年的首领一样冷静自持地行使权力。他号令全军，论功行赏，气度非凡。全军一致认为这是铁木真发自灵魂的帝王之气。论功行赏是这个国家的习惯，也是当时的时代特色。赏赐主要包括马匹、武器、衣服以及个人装饰品等。对于马背上的民族来说，这些东西弥足珍贵。

在战争胜利的影响下，反叛部落所在的区域已经臣服，不再抵抗；周边其他部落也纷纷提出缔结条约结盟。其中一个部落首领向铁木真的妹妹求婚，以加强他提出的联盟关系。总之，这次战争之后，铁木真的名望在周边的部落散播开来，这预示着铁木真伟大而辉煌的统治即将开启。

第二年，只有十四岁的铁木真娶了第二位妻子。新娘与他年龄相仿，叫孛儿帖·弘吉剌。婚后的第一个年底，孛儿帖生下一个女儿。

铁木真在部落周边行进，有时带着妻子们，有时把她们留在他认为安全的地方。次年年关，孛儿帖即将再次临盆，此时铁木真要远征。担心孛儿帖旅途过于劳累并有可能暴露，因此把她留在家里。铁木真离开之后，

第四章 首次参战

敌对部落的一队骑兵突袭抢掠。他们制服了铁木真留下守卫的士兵，掠走所有财物，还掳走了孛儿帖。自己分赃后，这队骑兵将孛儿帖作为礼物送给邻国的统治者，希望获得他的青睐。这个统治者就是王汗①。王汗在铁木真历史后期非常重要，下一章将对他做全面叙述。必须指出的是，送孛儿帖给王汗的人认为王汗一定会纳她为妻。这是当时的风俗，可汗可以有很多妻子，而且越多越好。位居高位的人战败被俘，俘虏里面年轻漂亮的女人会被作为绝好的礼物送给附近伟大的首领或统治者。接受礼物的统治者或首领无所谓年龄大小。有时候，年龄越大的统治者给予的奖赏越多。

恰巧，王汗年龄比较大，与铁木真的父亲相当。事实上，他确实有过将铁木真称为"儿子"的习惯。多年前，王汗曾与铁木真的父亲也速该结盟，当时铁木真非常年幼。就是从那时开始，王汗对铁木真以"儿子"相称。

因此，孛儿帖被信使带到金帐之内，作为礼物出现在王汗面前的时候，他说："孛儿帖非常美丽，但我不能纳她为妻，因为他是我儿子的妻子。我不能娶我的儿媳。"

然而，王汗依旧留下了孛儿帖，给了她一席之地，悉心照顾她的生活。

---

① 王汗（Vang Khan）也可译为王罕。——译者注

铁木真远行结束回家后了解了发生的一切，为失去妻子伤心欲绝。不久，他确定了妻子所在的地方，便立即派出一队代表去王汗那里请求让妻子回家。王汗立即答应。于是孛儿帖出发回家。但她在归途中因为孩子的出生耽搁了行程。孛儿帖生了一个儿子，孩子刚一出生，他们就继续赶路，因为如果有所延误，路上会很危险。可能会遭遇新的的敌人，孛儿帖又会被掳。据说，孛儿帖用糊状物或者面团包裹住孩子细嫩的四肢，缓解旅途中车子震动颠簸对孩子的不良影响。就这样，孛儿帖把孩子放在腿上，一路颠簸着回到家。

终于到达丈夫居住的地方，孛儿帖母子平安。看到妻子，铁木真欣喜若狂；看到刚出生的儿子安然无事，他更是喜上眉梢、心满意足。母子俩历经千难万险，终于平安归来，于是铁木真给他取名为术赤，蒙古语的意思是安归，表示纪念。

总体来说，铁木真统治初期一切都顺风顺水，一片繁荣。但他野心勃勃、期待甚高，不满足于继承的帝国，开始规划拓展疆域。一天夜里，铁木真梦见自己的双手各握一把刀，胳膊无限生长；他伸开手臂，想一探长短，结果一手指向西方，一手指向东方。第二天一早，铁木真给母亲讲了自己的梦境。母亲解释道，这意味着他将注定成为一个伟大的征服者,帝国的疆域会拓展到西方和东方。

这样的盛景持续了两年,两年之后好运开始衰减。有些部落开始不满铁木真的统治,爆发了叛乱。一些附属部落的可汗开始设计阴谋诡计,甚至铁木真自己的部落也开始反抗。叛乱不时暴发,铁木真不得不疲于应付,东奔西走,平定暴乱。他一度战败沦为囚徒,又在一番曲折之后逃脱。于是,铁木真依照这些汗王的要求,向心存不满的汗王提议和解,希望能够满足他们,使他们再次臣服。但这些汗王并不满足,他们的真正目的是让铁木真下台,然后大家分割土地,分而治之;或者由其中一个可汗取代铁木真。

最后,铁木真发现自己无法安抚众人,他的队伍日益减少、势力日渐微弱,反叛者反而越来越强大。铁木真心情沮丧,心生气馁,开始思考自己是否真的太过年轻,无法统治这个王国。王国内人们四处游荡,野蛮成性,战事频发。铁木真决定放弃统治,想等待时局变化,或者至少等到自己年长一些,再做打算。于是,他和母亲一起做出决定,暂时退位。其实,我们也有理由怀疑是他的母亲积极筹划,进而影响铁木真,诱使他接受了计划。

铁木真的计划是派使节出使王汗，请求王汗收留自己并保护一段时间，直到自己王国的争端得以解决。如果王汗接受，铁木真就指定叔叔摄政。母亲嫁给一个叫作蒙力克的埃米尔[②]，或者说首领。蒙力克成为摄政王下面的首相，享有区别于王国其他首领或者汗王的特权。一切事务交由摄政王和首相管理，直到铁木真回归。

计划顺利实施。王汗非常乐意在自己的领地接受铁木真并予以保护。他说，出于与铁木真父亲的友情，自己非常愿意这么做。铁木真的母亲嫁给了一个埃米尔，这个埃米尔成了王国的第一亲王。最后，铁木真的叔叔宣布摄政，享有管理国家的一切权力，直到铁木真回归。一切安排妥当后，铁木真率领六千精兵，一路护卫，向王汗领地出发。铁木真带着所有的家眷、仆人、随从，其中也有他的老师兼监护人，从铁木真孩童时期就被指定监护、教导铁木真的喀拉善。

在如此强大的护卫之下，铁木真一行沿途没有受到任何骚扰，最后平安到达王汗宫中。

---

② 埃米尔是对穆斯林酋长的尊称。——译者注

第 五 章

王汗其人

精彩看点

克烈金国——王汗的领地——马尔忽思的悲惨命运——马尔忽思妻子的计谋——纳瓦尔——堕入陷阱——武装埋伏——纳瓦尔之死——不可思议的故事——王汗的早年生活——接待铁木真——祭司工约翰——致法工的信——其他信件——可能的事实——铁木真与王汗

王汗统治的领地与金国接壤,称为克烈金国。金国是上文提及的现中国北方地区。地如其名,在某种意义上说,这一区域是金国的附属。这正是塔塔尔人占据的金国地域。

王汗原名脱斡邻。王汗是称号而非姓名,是历经多年身处高位后金国皇帝赐予的封号。

王汗先祖都是实力强大的可汗,世代统治克烈金国。这些汗王野蛮成性,无视律法,争斗不休;要么争权,要么抢夺财产牲畜。惨烈的战争在近亲之间不断发生。王汗的祖父马尔忽思在争斗当中被另一位可汗擒住。这位可汗愤怒于马尔忽思之前对他的所作所为,不顾二者的亲戚关系,把马尔忽思送到了遥远的国度库尔干,交给库尔干国王处置。库尔干国王把马尔忽思装进袋子,缝上袋口,钉在木驴上,任由他饥渴、窒息而亡。

马尔忽思的妻子听说丈夫的悲惨遭遇，怒火中烧，决心复仇。抓她丈夫送给库尔干国王的亲戚似乎是她婚前的情人。于是，马尔忽思的妻子派人送信给这位亲戚。她在信中没有提及失去丈夫的悲伤，只是谴责库尔干国王的残忍导致丈夫死亡。然后她说，长久以来，仍然对这位亲戚念念不忘，如果这位亲戚有和她一样的想法，希望能够正式告知她，她现在非常愿意做他的妻子。马尔忽思的妻子还提出，如果这位亲戚能够到她指定的地方会合，就会与他结合。

这位首领——纳瓦尔立即堕入了美丽寡妇编织的陷阱，即刻接受提议，前往约会地点。当然，他也随身携带了一些护卫，不过护卫队伍较小，只有朋友和私人随从。王后也有一队守卫士兵随行，不过队伍不是很大，以免引起纳瓦尔的怀疑。王后还带了很多车子，装满了粮食、衣物等财产，由小公牛拉着，作为送给新婚丈夫的礼物。其中有大量的圆桶，里面藏着大量的武装士兵。圆桶设计非常巧妙，里面的人接到信号，能够瞬间从里面打开圆桶，迅速武装，准备战斗。

其他桶里装着酒。当时蒙古人和塔塔尔人有酿酒的习惯。双方到达约定地点后，王后向纳瓦尔致以热情的问候，并就地宴请对方所有人员。纳瓦尔一行人接受了邀请。于是，王后打开所有补给，呈现出诸多礼物。酒宴期间，王后准备了大量容易醉人的酒。王后一方的人知道时局轻重，都极力保持着清醒。最终的时刻终于来临，王后发出信号，埋伏在桶里的士兵跳出木桶，奔向对方。王后已经做好一切准备，从腰间拔出尖刀，刺入纳瓦尔心脏。在埋伏的士兵的协助之下，对方的随从要么被杀，要么被俘虏。对方一方面由于醉酒，另一方面由于遭遇突袭，毫无抵抗能力。

王后成功复仇后，集结队伍，打包礼物，胜利回归。

这些故事由亚洲作家写就，虽然叙述中可能有些修饰，但无疑传递给我们一些信息，使我们对当时半野蛮状态下的汗王生活有了些许了解。王汗是马尔忽思的长孙，王汗的父亲是上面提到的王后的长子。据说他十岁就经常随父出战。在这样的情况下，王汗和也速该结交为朋友，结盟成为安答，称铁木真为儿子，拒绝纳铁木真的妻子为妻。父汗死后，王汗作为长子继承统治大权，但遭人嫉妒，长期与自己的亲戚，尤其是带头反对他的叔叔争斗，最后敌不过对方，被迫逃离。没落时在也速该的部落避难。也速该待王汗非常热情友好，并为他提供有效的保护。后来也速该出兵驱逐了王汗的叔叔，帮助王汗恢复统治。在也速该的领地，王汗与年幼的铁木真相熟,称铁木真为儿子。现在铁木真被迫放弃继承的统治大权,逃离祖国,一如王汗当年的遭遇。能够有机会报答铁木真父亲的恩情,王汗非常高兴。因此,他非常友好地接待了铁木真。

关于王汗,还有另外一个蹊跷的版本。亚洲基督传教士认为王汗是当时享誉欧洲的首领——祭祀王约翰。这些传教士送信给教皇和欧洲各个基督教国家的国王,夸大他们的传教功绩,称在波斯、突厥和塔塔尔人中传教非常成功,最后写信说塔塔尔的大汗已经皈依,成为福音的传教者祭祀王约翰。Prester可以理解为长老(presbyter)的变形。信中用大幅笔墨描写了塔塔尔人祭祀王约翰的转变,还转交了几封祭祀王呈给教皇和几位欧洲国王的信。据说有几封信现在依然存世。其中有一封致法国国王的信,祭祀王约翰在信中告诉法国国王自己的巨额财富和广袤领地,说自己统治着七十个汗王,邀请法国国王前来参观。如果法国国王愿意的话,祭司王约翰可以给他一个王国,让他成为自己的继承人,在自己百年之后继承所有的财产和领地。类似的信件还有很多。

其他信件内容大致类似。信中说基督教引起的兴趣愈加广泛,主要是因为传教士对基督教的伟大和荣耀的

祭祀王约翰

宣传，而不仅仅是王室皈依引发的效果；也因为在传教士的努力下，基督教在他的领地上已经取得的和正在取得的发展。

现在来看，这些故事很可能是传教士臆想所得，至少也是经过夸张和修饰的。这些信很可能出自传教士自己的手，而不是哪个汗王的作品。不过，至少有某个汗王鼓励传教士工作，允许传教士在自己的领地传教。如果真有此人的话，这个人很可能就是王汗。

总之，王汗实力雄厚，非常伟大，统治的国家地域辽阔，首都在哈拉和林。这个城市距离铁木真营地大约需要十天路程。

铁木真受到了王汗的热情欢迎和体贴照顾。王汗承诺会保护铁木真，将来帮助他夺回自己的王国。同时，铁木真也承诺立即为王汗服务，不遗余力协助王汗的事业。

第六章

流亡岁月

精彩看点

铁木真大受欢迎——竞争对手和敌人出现——可汗们的阴谋——札木合——韦苏鲁吉娜——札木合失望透顶——札木合怒不可遏——设计阴谋——推进联盟——阴谋者的宣誓——宣誓誓言——哈拉和林——铁木真的计划——铁木真与阴谋者的战争——王汗意外到达——王汗的故事——铁木真的承诺——战争结果——铁木真大获全胜——哈拉和林的状况——额儿客合刺——准备最后一战——额儿客合刺下落不明——王汗恢复王位

在朝堂上，王汗给予铁木真非常尊崇的地位。不过这也合乎情理，因为铁木真是个首领，而且正值当年，无论举止还是性格都让人喜欢。尽管目前在流亡状态，但在铁木真自己的部落，他并不是一贫如洗、没有未来，他的家人和朋友依然处于举足轻重的地位，而且在王汗这里，他也带来了一定数量的军队。同时，铁木真本身英勇无敌，军事技能过硬，准备随时回报王汗的保护。总之，铁木真的到来是一件理所应当轰动的事件。

起初，铁木真可谓大受欢迎，大家都很喜欢他。但不久后，朝廷上王汗的其他儿子以及邻近部落的汗王都开始嫉妒他。王汗给予铁木真特权，一方面因为自己非常喜欢铁木真，另一方面因为铁木真在自己国家是一位当权的首领，地位自然高于其他附属汗王。这些可汗对此非常不满，开始只是背地里嘀咕，后来公开发表意见，再后来就联合起来设计阴谋反对这个新宠,他们称呼铁木真为"新宠"。

不久发生的一件事大大增强了大家对铁木真的敌意,也使铁木真的敌人有了一个非常强大的领袖。这就是具有非凡影响力的札木合。札木合爱上王汗的女儿韦苏鲁吉娜公主,并向她的父亲求婚。求婚和商谈的细节我们不得而知。铁木真到来后,韦苏鲁吉娜转而倾心铁木真。与旧爱相比,铁木真无疑更年轻更潇洒英俊,也更有成就。不久后,韦苏鲁吉娜就设法告诉父亲自己更愿意嫁给铁木真而不是札木合。铁木真已经有两位妻子,但这无关紧要,因为在亚洲,只要财力足够支撑,首领可以娶多个妻子。这是当时的风俗,现在依然如此。于是,韦苏鲁吉娜拒绝了札木合,嫁给了铁木真。

札木合怒不可遏,立誓报仇。他开始勾结部落里不满铁木真的人和党派,不仅包括嫉妒铁木真的人,还包括出于某种原因反对王汗统治的人。他们制定了一个可怕的阴谋,要彻底毁灭铁木真。

阴谋者先试探着向王汗抱怨,极尽所能地污蔑铁木真,但是毫无效果。铁木真有很多老朋友,又凭借自己的英勇和能力结交了许多新朋友,在朝廷上的势力比敌人强大。敌人的阴谋曾经几乎彻底失败。

第六章 流亡岁月

最终，阴谋者与王汗以外的敌人形成联盟，向王汗和铁木真宣战。关于联盟推进的过程，以及参与联盟的国家和部落，相关的资料很不完善，也比较混乱。不过最后，经过各种竞争和操纵，阴谋者集结了大批军力，准备攻入王汗的统治领域，打算一次性解决问题。这些不同部落的部队依据当时的风俗集结在一起，各部首领歃血为盟，庄严宣誓，誓将战斗到底，直到彻底毁灭王汗和铁木真。

宣誓以这样的方式进行：在开阔的平原上牵来一匹马、一头野牛和一条狗。宣誓者跟随命令手起刀落，以最盛怒的方式将动物们砍成碎片。之后站在一起，大声喊出下面的话进行宣誓：

> 听！皇天后土！神明在上！我们在此宣誓，誓死反对王汗与铁木真。如果有人抓到他们而后释放，或者违背消灭他们的誓言，将命如此畜牲。

他们站在散落着牲畜皮肉遗骸的血迹之中，庄严宣誓。这些都是高度机密，准备活动在悄悄进行，但是一段时间后，消息还是传到了王汗的首都哈拉和林。铁木真听到消息异常激愤，立即提议带领自己的军队，联合王汗的剩余兵力前去迎敌。王汗表示同意。于是，铁木真留下王汗的一半兵力保护都城，带着王汗的另一半兵力，加上自己的军力开始出征，直奔前线敌方兵力正在集结的地方。历经多日跋涉之后，终于赶在敌军一切就绪之前到达。经历一系列的布阵和破局，铁木真一直想把敌军引入战场，敌军则一直腾挪闪躲。敌方为了争取时间加强兵力拖延战争，因为有些联盟的军队还没有到达。

经过一系列调兵遣将，战争终于要打响。有一天，铁木真及其将士却惊讶地看到他的岳父——王汗本人带领一小队愁眉苦脸的随从走进营帐，像是从战场上逃命出来一样。他们看起来异常焦虑、疲惫不堪，战马也疲劳过度、毫无精神。听过解释后，铁木真明白了事情的原委。有一股王汗的敌人住在对面的方向，他们知道铁木真离开首都带走了大批兵力，因此决定抓住机会入侵领地，于是带着大批军力突袭都城。王汗竭尽全力护卫都城，但还是失败了。士兵伤亡过半，都城沦陷，惨遭掠夺。王汗的儿子带着足够自保的军队逃往山区。王汗本人带着随从星夜兼程，历尽艰险，终于到达铁木真营地。

铁木真甫一听说，非常吃惊。但他告诉岳父无需气馁，并承诺全力帮他复仇。他将在战场上彻底击溃敌军，

第六章 流亡岁月

获取全面胜利。于是，铁木真立即着手安排，为即将到来的战斗做准备。铁木真向王汗辞去主力部队的指挥，自己带领一翼部队，将另一翼交给另一位军衔稍低的首领，依次奔赴战场。

战斗非常胶着、异常血腥。铁木真最终大获全胜，敌方战败后逃离战场。对铁木真来说，胜利来得并不容易。经过长久的打斗，胜负依然未明。铁木真带领的侧翼破釜沉舟，愤怒地插入敌军腹地，作战所向披靡，无人能敌。这深深地鼓舞和激励了其他队伍，敌军很快就被彻底击溃，逃出战场。

此战提升了铁木真作为军事指挥官的声誉，同时也大大增强了王汗对他的信心。这次胜利基本平定了叛军，但王汗回归都城，重获王位之路尚未开启，因为他的一个弟弟已经即位，在哈拉和林替代王汗统治管理。这个弟弟叫额儿客合剌，是对抗铁木真的领军人物。这也很容易理解，因为汗王的弟弟在朝廷拥有很高的地位，一旦新宠到来，他是受到冲击的主要人物之一。于是，额儿客合剌加入阴谋团体，反对铁木真和王汗。从某些方面来说，确实可以将额儿客合剌看作叛军的首领，只要把王汗驱逐出都城，他就能即位。现在的问题是，该如何剥夺他的王位，恢复王汗的权力地位。

为达到目的，铁木真立即开始计划。他在战后集中兵力，迅速与其他几个部落谈判协商。起先这些部落举棋不定，现在铁木真的胜利决定了他们的倒向。同时，叛军也没有坐以待毙，他们重新集结，努力加强兵力。额儿客合剌在哈拉和林竭尽所能地增强军力，收集大批物资和军需供给。直到次年，双方才为最后一役准备就绪。于是另一场战斗打响了，铁木真再次取得胜利。这次轮到额儿客合剌被杀死或者驱逐。王汗重新入主哈拉和林，带着军队胜利入城，重整朝纲。

自然，铁木真此时在朝廷的影响力和地位达到了前所未有的高度。他现在是二十二或者二十三岁的年纪，已经有三个妻子，但是不能确定是否都与他一起在王汗这里。在军中，铁木真像所有英勇无敌、神采奕奕的年轻指挥官一样大受欢迎。王汗非常依赖他，授予了他所有的荣誉。

然而，铁木真似乎还没有回归故土的打算。

第七章

决裂王汗

精彩看点

额儿客合刺——国家状况——游牧习惯——札木合——桑坤——札木合与桑坤的阴谋——欺骗——铁木真现状——铁木真军事远征——受欢迎的指挥官——铁木真的残忍——可能虚构的故事——王汗不安——铁木真——王汗怀疑——和解——再度怀疑——制定计划——背叛——蒙力克——蒙力克提醒铁木真——两对姻缘——计划流产——铁木真营地——喀拉善——王汗的计划——两个奴隶出卖王汗计划——奴隶如何听到计划——召开会议——铁木真制定计策

铁木真在王汗的领地度过许多年，大部分时间都在为王汗效力，二人相处和睦。但我们即将看到两人成了死敌。

王汗的弟弟额儿客合剌在叛乱中篡夺了王位。据说后来王汗恢复统治时杀了额儿客合剌和其他几个反叛首领。有几个反叛者成功逃脱，回到过去的部落逐渐恢复了统治。不过我们必须明确，当时这个国家并没有分裂成多个部落，而是统一了多个部落共同占有的广袤地域。各个部落相对稳定地生活在自己的统治范围内，但并不在那里永久定居。部落会在高山平原之间缓慢移动。牧场的枯荣、战争的结局以及不同氏族之间连续不断的冲突都可能迫使部落迁移。有时，多个部落统一由一个大汗领导，如王汗的统治。联合部落之间的纽带非常脆弱，臣服与反叛的界限在真正的战争状态之外并不明显。

铁木真在札木合与王汗女儿的爱情当中横刀夺爱，

娶了公主做第三个妻子，因此札木合对铁木真恨之入骨。在王汗征服敌人、恢复统治期间，札木合成功逃脱，去王汗的领地之外，远离哈拉和林的部落生活。不久，札木合开始与王汗的儿子谈判密谋。王汗这个儿子的名字发音像是 Sankum（桑坤）。有些作者想用英语字母呈现这个名字的读音，就拼写为 Sunghim。

札木合在谈判中轻而易举地说服了桑坤与他合作。作为王汗的儿子，桑坤的态度不难理解。铁木真在王汗朝堂上的影响力日益提升，一定程度上威胁了桑坤的应有地位。

札木合在秘密会面时候对桑坤说："不仅铁木真的光芒掩盖了你的影响力，铁木真本人还在计划取代你成为你父亲的继承人，窃取你的合法继承权。"

桑坤迫不及待地听取札木合的建议，并与札木合达成一致。他向父亲进言，让札木合回归，重新服务王汗；札木合假装悔改并与王汗再次结盟。桑坤依计行事，一段时间后说服王汗让札木合重回朝堂。

至此，朝堂表面一派安宁，其实背后暗潮汹涌。札木合不仅妒忌铁木真，还计划复仇。大家和平度过了一段时间，至少在朝堂上没有公开争执。在此期间，王汗依然与周边部落纷争不断。王汗在战争中非常依赖铁木

第七章 决裂王汗

真。铁木真管理着一大支军队，包括铁木真自己带来的护卫和王汗交给他管理的军队，或者说自愿加入铁木真的军队。铁木真任命四位将领协助管理军队，这四位将领也是可汗，人称"四勇"。"四勇"都是英勇无敌、武艺高强的指挥大将。铁木真习惯带领军队在部落各个地方巡视，搜捕王汗的敌人；或是远征去遥远的平原或山间，找出对王汗有潜在威胁的人，无论这些人是要入侵劫掠，还是反击报复。

铁木真在军中大受欢迎。士兵们通常都喜欢勇敢无畏、精力充沛的将领，这样的将领不仅能制定高超的作战计划，还能出色地完成。不管情势有多危险，士兵们都追随着铁木真。在远征中遇难的士兵已不能开口抱怨，幸存的将士则庆幸在历经危难后可以平安归来，还能收获崇高的荣誉。

虽然铁木真在军中大受欢迎，但他和其他野蛮勇士一样，在盛怒之下对待敌人毫无人性。据说有一次，铁木真打败了叛乱部落和仇敌，对方多数沦为囚犯。铁木真命人生起大火，架起七十口大锅，锅里注满水并烧至沸腾，将被俘的主将头向下抛入大锅，沸水烹煮而死。铁木真随即带人进入敌军领地，俘获所有妇女儿童并卖作奴隶；还把所有牛羊牲畜以及其他财物当作战利品洗劫一空。将敌人的财物据为己有，贩卖战俘，这些都是当时的风俗，不足为奇；但沸水烹煮囚犯致死的行为暴露了铁木真性格中的血腥残暴。不过，这件事情也可能并不存在，只是札木合和桑坤或者其他敌人编造的谣言。

　　札木合、桑坤和其他结盟人员一直在不遗余力地瓦解铁木真对王汗的影响力，从而剥夺铁木真的权力。但铁木真对于他们来说太过强大。铁木真的军功使所有竞争对手都无法撼动他的地位。王汗一方面满足于铁木真的表现，为他自豪；另一方面又对铁木真有所忌惮，他不甘于依赖一个附属汗王，却对此无能为力。国王见不得自己的臣民如此优秀夺目。其实王汗在某种程度上也非常乐意削弱铁木真的势力，弱化他的地位，尤其铁木真的势力和地位还在日益提升。不过他也没有办法私下和平解决这个问题。铁木真通常在远离王汗居住的哈拉和林独立带兵；他还招募、培养自己的兵力，保持军队人数，即使士兵不幸战败或者战场供应不足，军队也不会无以为继。

　　此外，王汗时常需要铁木真的帮助，而且非他不可。在一次偏远山间的重要战役中，札木合成功激起王汗对铁木真的怀疑。王汗连夜拔营起寨，偷偷远离铁木真的营地，以摆脱札木合所谓的"铁木真的阴谋"；不料在新的营地遭到大批敌军攻击，困境顿生。王汗不得不立

第七章 决裂王汗

即派人请铁木真及其帐下"四勇"前来救驾。铁木真赶来赶走敌军，挽救了王汗。王汗感激不尽，与铁木真彻底和解，二人关系得到了进一步加强。札木合大失所望，懊丧不已。铁木真与王汗建立了新的联盟。为确立联盟关系，双方同意双重联姻。铁木真的一个儿子迎娶王汗的女儿，王汗的一个儿子也迎娶铁木真的女儿。

然而，新的联盟并没有持续很久。铁木真救驾的危机一过，王汗又开始听信札木合和桑坤的谗言。札木合和桑坤坚称铁木真是危险人物，坚决不能信任；他们说铁木真野心勃勃，不服管束，只是在等待时机发动叛乱，篡夺王位；他们条分缕析、用大量陈述证实自己的观点。有些陈述证据确凿，但大部分是夸大其词，还有一些根本就是无中生有。最后，札木合和桑坤成功使王汗对铁木真产生了怀疑。王汗决定采取措施驱逐铁木真。

由于铁木真深受皇家卫士和全城卫戍部队的爱戴，因此王汗不敢在都城反对铁木真。于是，王汗找借口将铁木真遣出首都哈拉和林，还派人送信给铁木真的部族，说服部族的主要人物加入自己的计划。铁木真离开部族时年仅十四岁，他的母亲嫁给了当时的一个大首领，叫蒙力克。铁木真不在部族的时候，他的母亲和蒙力克联合摄政。王汗派人送信给蒙力克，建议他与自己联合摧毁铁木真。

王汗给蒙力克的信中写道:"你有没有兴趣取代铁木真的位置?你确实已经与他的母亲结婚,但你个人与他没有丝毫关系。如果推翻王位,你将是蒙古大汗[①]。现在你只是他的从属,他随时可能回归,让你一无所有。"

王汗希望通过这样的言论诱使蒙力克参与自己的计划,协助自己除掉铁木真。即使蒙力克不愿意帮助他,至少也能让他在自己除掉铁木真后不怨恨自己,这样就可化解自己的后顾之忧。但蒙力克收到信件后的反应完全出乎王汗意料。蒙力克什么也没说,当即决定让铁木真明白所处的险境。因此他立即出发奔向铁木真的营地,告诉他王汗的阴谋。

同时,王汗的计划终于成熟,他约铁木真到指定地点会面,商讨之前约定的四个孩子的婚事。铁木真不疑有诈,以极高的规格款待了信使,答应按时赴约。铁木真充分准备后,带着大批侍从,陪同信使向指定地点出发。半路上铁木真遇到蒙力克,也可能是蒙力克追上铁木真。蒙力克警告铁木真处境危险。铁木真听继父所言,找借口推迟了行程,并写了一封信,让信使带给王汗,命令他继续前行,自己返回了营地。

铁木真的营地离哈拉和林有一段距离。前文提到过,

[①] 蒙古大汗(Grand Khan),意为汗中之汗。——译者注

第七章 决裂王汗

由于铁木真在朝中太受欢迎,王汗担心在首都行动会引起暴乱,因此他把铁木真派出都城。铁木真的营地固若金汤,一直带领的军队在这里驻扎,"四勇"也坐镇此地率部坚守。铁木真的老师喀拉善也与他在一起,一直在为他效力。喀拉善已经习惯了陪伴铁木真左右,与他一同南征北战,做他的军师和朋友。

信使回来后,王汗得知铁木真不愿赴约,明白他已经有所怀疑。王汗决定立即出发,给对方致命一击,否则铁木真会越来越警惕。王汗没有估计到铁木真在哈拉和林受欢迎的程度,两个奴隶将他的秘密计划告诉了铁木真。这两人偶然听到王汗跟他的一个妻子提到了计划。王汗计划带领比铁木真更强的兵力偷偷潜入铁木真的营地,出其不意,夜袭整个军营,这样可以轻而易举地攻占整个营地;他还计划要么杀掉铁木真和他的将领,要么俘虏他们。这两个奴隶是巴歹和乞失黑,他们二人负责照料王汗家里的马匹以及其他杂事。一天,两个人端着牛奶送往王汗的房子(或是金帐),无意中听到了王汗和妻子的谈话,知道了除掉铁木真的详细计划,并知道了王汗将于次日清晨出兵。

能够听到谈话也不足为奇。当时亚洲国家的帐篷,甚至房子,都用非常脆弱、稀薄的材料建造,用帆布或毛毡之类的材料包裹房子、隔开外界，几乎没有什么隔音效果。

两个奴隶决定立即前往铁木真的营地提醒他。于是，两人在夜幕降临时偷偷离开，经过一夜奔波，在次日清晨到达铁木真的营地，将他们听到的信息告诉铁木真。铁木真非常吃惊，但他几日前从继父那里得知王汗背叛自己的阴谋，因此多少有所准备。于是，铁木真立刻传召喀拉善和其他朋友，召开会议，讨论对策。

铁木真决定用计谋避开王汗的阴谋。根据奴隶带来的消息，王汗当夜就要扑来，因此他必须立即着手准备迎敌。铁木真计划全军撤出军营，在附近埋伏；留下部分士兵，在夜幕来临时点灯照明，升起篝火，营造出全军驻扎在军营的假象。铁木真预测王汗到达后会按计划突袭，准备在王汗军队困惑迷茫之际趁势伏击；希望这样能够击溃敌军，把他们驱逐出去。不过，铁木真和将领们非常肯定，王汗带来的兵力一定更加雄厚。

第八章

战争进展

精彩看点

埋伏——树林和小溪——留守营地的卫兵——王汗军队到达——空欢喜——攻击空置军营——继续进攻——埋伏——铁木真取得胜利——准备公开作战——铁木真结盟——图尔克依力——庄严的联盟契约——苦水——回忆仪式——铁木真的实力——致王汗的信——书信的效果——桑坤愤怒——加入铁木真军队——蒙古人——尝试最后一次谈判——桑坤的回复——小规模冲突

铁木真的策略非常成功。他制订策略后立即执行，命令大家将所有贵重物资搬出帐篷，运到安全的地方，将妇女儿童也送到那里；然后集结部队，向事先选定预设埋伏的地方出发，那个地方距离营地约两里格①。一小队卫兵留守营地，在夜幕降临时点亮全部灯火。铁木真自己隐藏在群山之间靠近王汗必经之路的一个小山谷里。小山谷非常狭窄，两边有险峻的岩石掩护，入口处还有一片树林掩盖外界的视线，入口附近有小溪流过。任何人要想出入都必须涉水而行。

铁木真抵达后立即与大队人马一起进入山谷隐蔽。

与此同时，留守营地的士兵按照先前的指令，在夜幕初降时就按惯例点亮营帐内的灯火。夜间遥望军营，依旧像是住满了人。留守的士兵等在那里照料灯火，直

---

① 里格是旧时长度单位，一里格约三英里，或四点八千米。——译者注

到看见敌军接近并开始进攻军营,再悄悄隐退,伺机脱身。

铁木真和将士们几乎花了整整一天的时间做好这些准备和埋伏的工作。直到傍晚,大军终于全部进入山谷。

铁木真刚刚设好埋伏,王汗的军队就到了。王汗没有亲自带兵,而是派桑坤和札木合前来征讨。也可能是由于桑坤和札木合才是这场战争真正的发起人和谋划者,是他们花言巧语使王汗同意了计划,或许王汗内心并不愿意如此行事。桑坤和札木合小心翼翼地带领军队前进,看到铁木真的军营灯火通明,瞬间窃喜;他们以为宿敌兼对手势单力薄,任凭自己处置。

桑坤和札木合带队悄悄靠近军营,拉弓上箭,急行上前。瞬间箭如雨下,射向营帐。桑坤和札木合突然袭击,期待看到数千士兵哭爹叫娘地冲出营帐抱头鼠窜的场面,然而,箭雨落下后依旧一片寂静,对方没有反应,与之前毫无二致。桑坤和札木合十分惊讶。稍后又一阵箭矢落下,还是没有发现任何动静。于是,桑坤和札木合带兵小心地进入军营,发现军营已经完全空置。王汗的士兵骑着马一圈一圈地查看,举着火炬,拿着火把,试图找出铁木真大军去向的蛛丝马迹。很快有人发现了痕迹,并立即出发追踪。这个人以为铁木真落荒而逃,

蒙古骑兵弓箭手

还大声呼唤其余士兵跟上。有些士兵立即跟上，有些还四散在军营周边继续徘徊，没有听到命令；还有一些骑着马在营帐之间穿梭，要么想寻找线索，要么凑在一起感慨或者询问下一步计划。但最后大家逐渐都知道了情况，整个部队循着痕迹迅速前行，场面一片混乱。王汗的士兵都认为铁木真的军队胆怯退场，希望能够追上他们的尾巴，利用有利时机，轻而易举地夺取胜利。

然而，事实并非如此。铁木真等人刚从藏身之处出发，整个部队井然有序。士兵们阵型整齐，迈着坚毅的步伐稳步前进。队伍在指挥官的指挥下秩序井然，斗志昂扬，冲劲十足，准备对敌军迎头痛击。两股兵力就这样相向而遇，场面骇人。铁木真不出所料地大获全胜。本就混乱的王汗大军受到压制，很多士兵混乱中被踩在铁蹄之下，死伤大半。逃过一劫的士兵调头就跑。桑坤脸部中箭险些落马，后骑马狂奔而逃。侥幸逃命的士兵三三两两、溃不成军，找到来路向哈拉和林逃去。

当然，此战之后，王汗不再隐藏对铁木真的敌意，双方准备公开作战。

我们所参考的资料中，很多历史学家不同程度地将铁木真的生活和冒险经历与这场战争联系在一起。综合历史学家的描述，我们发现此战之后，双方都开始与邻近部落协商谈判,希望这些部落与自己结盟。二者彼此竞争,都希望获得更多部落的支持。铁木真争取到许多塔塔尔首领的结盟与合作。这些首领在这片土地上或附近山区统治着自己的部落,有些是铁木真的亲戚,还有一些由铁木真说服加入,他们确信铁木真最终会比王汗强大。在某种意义上,作为政治家和勇士,他们希望战争结束时自己在胜利的一方。

有一位叫图尔克依力的可汗,是铁木真的亲戚,他统治着一个实力强大的部落。铁木真在接近图尔克依力的领地时还不确定他的态度,因此派使者前去告知铁木真的到来,询问图尔克依力是否还愿意维持两人多年的友谊。图尔克依力本来还在双方阵营之间摇摆,但看到大兵压境,立刻做出决定,回复了利好消息,拥护铁木真的事业。

许多首领以不同的方式加入铁木真的阵营。因此,铁木真掌握的兵力大大增加。最后,在横穿领地的过程中,铁木真和追随者来到一条小河边。这是一条咸水河,河水不宜饮用。铁木真等人在河边驻扎稳妥后举行了庄严的仪式,以最庄重的形式与盟友结誓。在仪式中,他们用一匹马在河边祭祀。铁木真从河里取水喝下,然后向上天祷告,祈祷苍天见证这庄严的誓言。他郑重宣誓,只要活着，就与众将士同甘同苦，如有违背，天打雷劈。所有同盟和将士们也发出同样的誓言。

军队中的人一直铭记着这个仪式。所有出席仪式并宣誓的人回忆起来都感到非常自豪，对这件事极为珍视。很久以后，当铁木真获得最高权力和荣誉时，将领们认为这次庄严的联盟契约是一场授予贵族头衔的仪式，使自己和后代永远比后来追随铁木真的人尊贵。

此时，铁木真开始觉察到自己实力的强大。他带领大军继续前行，来到离王汗领地不远的一个湖边，在此停顿下来，安营扎寨。铁木真决定试探一下王汗，他修书一封，半是规劝，半是抱怨。信件内容大致如下：

多年前我父亲在世时候，您遭夺权。我的父亲前去救援，他打败敌人，帮助您恢复王位。

后来，我来到您的领地。您的弟弟额儿客合剌与乃蛮部联合对抗您，我击败他们助您复权。当您身陷困境，我与您共享我的羊群和所有财产。

还有一次，您身处极端险境，派人到我这里请求"四勇"前去救驾。我按照您的请求派出"四勇"，他们救您于危困，助您征服敌人，夺回大量战利品。

还有很多次,可汗们联合起来对抗您,我以最有效的方式帮助您,制服了他们。

多年以来,您从我这里获取了那么多的利益,为何还要设计毁灭我?而且行径如此卑劣不堪?

这封信似乎触动了王汗。但他现在深受桑坤和札木合的影响,难以独立决策。于是王汗写信给桑坤,询问他如何回复铁木真。桑坤出于之前的妒忌和现在的伤痛,看到来信大为光火,决心复仇,拒绝任何妥协。

同时,所有居住在王汗领地周边的塔塔尔可汗们和蒙古部落首领听说王汗与铁木真决裂,都意识到这两位统治者之间即将爆发权位之争,对这场争斗越来越感兴趣。铁木真主动与他们协商,努力劝诱他们加入自己的阵营。铁木真相对年轻,势力日益强大;而王汗日渐暮年,几乎成了桑坤和札木合的傀儡。而且,作为将帅,铁木真已经声誉鹊起、广受将士欢迎,名望也在日益提升;而王汗的荣耀正在显而易见地褪去。很多可汗自然倾向于铁木真;也有一些迫于压力站在了铁木真的阵营;还有一些可汗,铁木真答应将他们从王汗的暴行暴政中解救出来。铁木真宣称自己是上天派到人间完成救赎的使者。当时亚洲部落非常迷信上天的军事使者,认为使者为大家的利益而战。

除了其他的国家和部落,铁木真自己国家的蒙古人也加入了他的队伍。铁木真的继父在蒙古摄政。继父非常高兴地接纳了铁木真。过去的臣民也非常拥护铁木真,大家都承诺会在接下来的战斗中全力支持他。

经过一段时间,铁木真以类似的方式扩大追随自己的队伍,稳固了自己的势力地位后,再次派出使者向王汗提议协商。王汗召开会议讨论铁木真的提议,但桑坤和札木合依然故我,绝不妥协。桑坤和札木合声称无论如何都不接受任何和平提议,除非铁木真及其追随者无条件投降,承认王汗是他们的合法统治者。桑坤亲自将这样的信息传递给使者。

桑坤说:"告诉蒙古叛党,除非彻底臣服,否则和平就是妄想。至于铁木真,我再见到他,一定会手持钢刀亲手杀了他。"

之后,桑坤与札木合立即向铁木真的部落发起了小规模的掠夺。但铁木真的军队将桑坤与札木合驱逐出境,二人没有达到目的。然而,这些小冲突彻底激化了矛盾,双方开始公开备战。

第九章

王汗之死

精彩看点

召开会议——曼科卢勒——争论——铁木真任最高统帅——分发奖赏——对两个奴隶的奖赏——铁木真的理由——组建军队——进攻方式——两军对阵——行李——两军碰面——战场——王汗大败——王汗逃跑——与乃蛮部的关系——乃蛮部的讨论——太阳汗——首领们的计划——王汗被砍头——太阳汗的虚伪——处理王汗头颅——桑坤之死

此时，铁木真和他的同盟在曼科卢勒召开了一次大会，讨论战争安排事宜。此次会议召集了所有宣誓反对王汗的首领和汗王，每人都带着庞大的军队护卫，大家一起商讨大计。有人提议再次尝试与王汗和解，但铁木真让大家相信，除了无条件投降，其他都是奢望。王汗永远不会满意，除非彻底毁灭全部参与叛乱的人。最后，大会决定让大家各自返回，招兵买马扩充军队，尽最大努力准备迎接这场战争。

铁木真被正式任命为军队最高统帅。按照惯例，在任命的时候，会把一种叫做 Topaz 的官杖授给选定的统帅，象征着指挥权的授予。授予场面极为庄严肃穆。铁木真接受授权的条件是，每人都必须明确且准时地服从他的命令，不得违抗；铁木真拥有绝对权力惩处任何违抗者；同时，不得有人质疑他的任何决定。大家郑重接受了这些条件。

铁木真接受任命后，按部就班地开始论功行赏，奖励反对王汗、投靠他的人。他利用这次机会奖励了两个奴隶——就是夜里来军营告知他桑坤和札木合的阴谋、给他带信的那两个人。铁木真赐予他们自由，并负担他们余生所有用度，还将他们列入豁免名单。豁免权是一种奖励，是对那些为公众事业做出伟大贡献的一类人的奖励。享有豁免权的人拥有专属特权：他们无需交税，可以保留从敌人手中掠夺的所有战利品。不享有豁免权的人需上交一部分战利品给可汗。享有豁免权还享受其他特权，比如可以随时参见可汗，无需等待，而其他人必须得到允许才能参见。更特殊的是，他们拥有九次免除罪行的机会，第十次犯罪才会被惩罚。这两个奴隶的特权还可以由子孙继承，惠及后世七代。

毫无疑问，铁木真给予这两个奴隶的慷慨奖励是对他们的诚挚感谢，是他们使铁木真和军队免遭毁灭，而这只是一方面的原因；另一方面，铁木真要让追随者坚信，任何对他事业所做的伟大贡献，都会得到百倍回报。

铁木真此时发现，要领导一支庞大的军队，首先要关注军中的纪律制度，这样才能在战争中有所约束，做

第九章 王汗之死

到一切行动听指挥。他把军队分为三翼,中翼由自己带队,左右两翼是盟军。铁木真计划在战场上由两翼做前攻,中翼做后备,无论任何时候,自己的力量都能冲入战场,让敌军无法抵御,从而获得最佳作战效果。

一切安排就绪,军队开始向王汗的国度迈进。不计其数的人马黑压压一片,覆盖了整个平原。

与此同时,王汗也在积极准备。王汗,确切地说是桑坤和札木合以王汗之名集结大军,已经从哈拉和林出发迎战。虽然王汗的军队体量庞大,但并不如铁木真的军队那样纪律严明、安排稳妥。王汗的部队也有大量行李辎重。军队后面马车蜿蜒,数不清的车辆载满粮食物资、武器以及各种军需储备,行军自然缓慢。由于马车负担过重,行走困难,骑兵不得不减慢速度。前路漫漫,行军距离目的地遥遥无期。

两军在两条河流之间的平原相遇后展开了殊死搏斗,场面血腥骇人。铁木真的老师喀拉善带领铁木真的一支分队遭遇札木合率领的王汗军队的一翼狙击。其他队伍之间相互攻击,双方都激愤地狂杀乱砍。战斗持续了三个小时仍不分胜负。铁木真带着自己的一翼一直在后方观望,最后瞅准有利时机下令攻击。攻势猛烈到几乎席卷一切。王汗的队伍一支接一支地溃败,乱作一团,被赶出战场。不久，王汗看到大势已去，放弃战斗，带领一小队近卫逃离战场。最初，王汗沿着回哈拉和林的路逃跑，但后面追兵紧随，他不得不调转方向，最终逃离了自己的国度，向太阳汗寻求庇护。太阳汗统治乃蛮部，是克烈金国最强的部落之一。太阳汗也是铁木真第一个妻子的父亲。当时铁木真的父亲还在世，铁木真与公主结婚时只有十四岁。

王汗向乃蛮部寻求庇护，这是一件奇怪的事情。由于王汗在以往的战争中给太阳汗的首领和他们的部落带来了极大的伤害，因此二者并不友好。太阳汗的众多附属首领对王汗依旧深恶痛绝。但塔塔尔部族一贯热情好客，王汗认为乃蛮部看到他如此痛苦落魄地逃难，定会放下敌意，热情款待他。

确实，如果有人境况窘迫前来寻求帮助而不去救助，太阳汗作为部落首领会有失身份。最开始，太阳汗想与这个敌人友好相处，为他提供庇佑。在王汗踏上太阳汗的领土向他的驻地前进时候，太阳汗就和其他首领讨论方案，但其他首领坚决反对，坚持不给敌人任何恩惠。首领们向太阳汗表明，王汗一直都是他们的大敌。这些首领夸大了王汗对他们的伤害，暴露王汗最恶的一面。况且，为王汗提供庇护就意味着卷入王汗与铁木真的战

第九章 王汗之死

争。毫无疑问,铁木真会追随敌人的脚步进入太阳汗的领地,他一定极度憎恶太阳汗对王汗的保护。

这些话深深触动了太阳汗,但他仍然无法下令与王汗为敌。于是,其他部落首领自己召开会议,讨论如何行事。最后,他们决定自行做主,屠杀王汗。

其他部落的首领说:"我们无法让太阳汗公开授权,其实他心底愿意这么做。杀了王汗,他会非常高兴。"

太阳汗对整个事件了如指掌却置若罔闻,默许了这些首领的行为。

大家挑选了一支队伍,由两个首领率领队伍去拦截王汗。这两人对王汗深恶痛绝、恨之入骨。王汗在路上徘徊,似乎想了解自己在乃蛮部领地上会有什么样的待遇。乃蛮部的军队突袭王汗营地,屠杀了所有侍从,抓住王汗,斩首弃尸,将王汗的头颅呈给太阳汗。

太阳汗欢喜异常,宿敌之死带来的快意难以掩饰;他甚至用轻蔑而怨恨的语气对着王汗的头颅讲话,显示了见到对手垮台的兴奋。自省时,他又指责首领们屠杀王汗的行为。

太阳汗说:"考虑到他年龄老迈,以及过去作为首领和统治者的光辉和荣耀,你们应该做他的守护者,而不是杀害他的刽子手。"

太阳汗下令要尽可能地尊重王汗的头颅。经过适当的准备和干燥防腐处理，他们将王汗的头颅封在银质的箱子内，将箱子安放在享有尊崇地位的坟墓里。

在准备埋葬的过程中，王汗的头颅引起了整个部落的好奇，葬礼极为庄严神秘。有人说王汗的舌头好几次从嘴巴里伸出来。萨满巫师高度关注着这个现象，称这预言着即将到来的战事，预示铁木真将日渐强盛。

王汗的儿子桑坤死在了战场上，但札木合逃走了。

第十章

诛札木合

精彩看点

全面获胜——夸大其词——掠夺——大挺进——可汗臣服——桑坤和札木合——札合敢不和女儿——札合敢不的担忧——铁木真的感激——铁木真的答复——札木合逃跑——到达太阳汗领地——太阳汗与札木合交谈——札木合揭露铁木真的性格——阴谋形成——阿拉库斯——铁木真了解阴谋——铁木真受骗——年轻的术赤王子——战争委员会——札木合与太阳汗——铁木真跨越边境——挺进——准备战斗——屈出律和术赤——大战——铁木真再次获胜——太阳汗被杀——札木合被砍头

在乃蛮发生上述事件的同时，铁木真带走了王汗领地上的全部财产。这次胜利非常彻底，如果用死亡人数来衡量的话，这无疑是一场大战。据说双方死亡人数达四万。当然，这个数字可能有所夸大。另外，相比有条不紊的现代文明国家间的战争，这类野蛮战争的死亡比例总是更大。

总之，铁木真取得了一场伟大且具有决定性意义的胜利，俘获了大批俘虏，掠得大量战利品。王汗马车上的所有行李物资全部归铁木真所有，多数物品价值连城。铁木真还从被杀和被俘的人那里缴获了大量马匹，数量惊人。王汗的所有精锐部队都投靠了铁木真，他们认为王汗的统治已经被彻底推翻，铁木真将是整个国家公认的统治者，所以立即准备与他结盟。

不久，铁木真收到岳父太阳汗的消息，说王汗已死，于是他更加肆无忌惮地掠夺王汗的领地。王汗帐下的可汗们接二连三地投靠铁木真，他们知道所有抵抗都是徒劳。事实上，他们也非常乐意与老朋友结盟。铁木真在国内进行了凯旋巡游，所到之处一片欢腾，人们对他表示了热烈欢迎。他的老对手桑坤和札木合已经消失不见。札木合一直是反对铁木真的中心人物，他带着战后能够集结的所有武装人马，不知在何处藏匿。

王汗的其他亲戚朋友都毫不迟疑地投靠了铁木真。实际上，他们还争相自我推荐，成为铁木真的心腹。王汗有一个弟弟，是一位影响力巨大且实力强大的首领，他也和其他人一起投靠了铁木真。王汗的弟弟献给铁木真一份礼物，想与铁木真修好。他把自己的女儿作为礼物献给铁木真，她成为铁木真众多妻子中的一个。

铁木真非常友好地接待了王汗的弟弟，也接受了礼物。但铁木真已经有多个妻子，而他的一位高级将领似乎非常喜欢这个姑娘。于是，铁木真非常慷慨地把这位年轻的姑娘赐给了这位将领。姑娘本人在这件事情上没有任何话语权，不得不接受父亲和其他可汗认为合适的安排。

这位父亲的名字叫札合敢不。札合敢不来到铁木真的营地，内心颇为忐忑，担心由于自己是王汗的弟弟，

第十章 诛札木合

铁木真会对他特别怨恨，拒绝接受自己的投靠和礼物。当受到铁木真的友好接待时，他如释负重，请求铁木真给他一个军队指挥的官职。

铁木真答道，他非常乐意和愿意这么做，因为这是王汗弟弟的请求。铁木真说："其实，因为你哥哥的缘故，我将尽我所能款待你，以回报我遭遇不幸时你哥哥对我的保护和帮助。王汗接受我时，我是一个流亡中的逃难者。他在朝堂上给予我很多便利。我从来不曾忘记，也永远不会忘记他对我的恩德。尽管后来他反对我，我也从未因为这件事情谴责他和他的儿子桑坤。我一直把它归因于札木合的奸佞谗言和邪恶影响。札木合一直是我不共戴天的仇人。因此，我并不怨恨王汗的背叛，对他的尊重也不会因此减少。现在，我非常荣幸能有这个机会通过你，王汗的弟弟，来表达我对他的感激。"

于是，铁木真为札合敢不在军中安排了一个体面的职位，各方面都对他十分关照。铁木真行事一向如此慷慨，这也就不难解释他为何会对追随者产生超凡的影响力。这对他取得后来的霸业和荣耀都起到了非常关键的作用。

桑坤被杀，札木合却成功逃脱。札木合带着所有幸存的王汗军队士兵和大批将领，经历各种艰难险阻，最终到达太阳汗的领地。札木合重组溃败的军队，尽全力聚集散落各地的将士，重整混乱萧条的局面，就这样和他的残兵败将一起到达太阳汗的领地。众所周知，札木合是个能力超群的将军，他在太阳汗的朝堂上非常受欢迎。事实上，太阳汗听到铁木真正在迅速扩张疆土、扩展势力的传言后就心怀嫉妒，认为是时候采取措施阻止女婿过分扩张了。

太阳汗多次与札木合就铁木真的性格和计谋进行交流。札木合在会谈中谨慎地挑选负面内容进行沟通，尽量引起太阳汗对铁木真的怀疑和嫉妒。札木合告诉太阳汗，铁木真野心勃勃，心中满是扩张的计划，没有任何感恩之心，也没有任何荣誉约束得了他执行计划；他还把铁木真与王汗之间的战争都归咎于铁木真；他还说，铁木真丝毫不顾当年落难之时王汗对他的照顾，用计摧毁了王汗和他的儿子。札木合还敦促太阳汗一定要尽早防范，避免危险。

札木合说："毋庸置疑，铁木真是您的女婿，还自称是您的朋友，但他阴险狡诈，毫无原则，无论如何您都不能依赖他。虽然过去您对他善意有加，虽然你们之间也还有着翁婿关系，但一旦铁木真将您当作他实现野心的绊脚石，他就会随时制定计划摧毁您，像对待其他人一样。"

第十章 诛札木合

　　这些话自然引起了太阳汗的不安与恐慌，而且效果显著。最终，札木合诱使太阳汗采取措施，抵御威胁。于是，太阳汗召开会议，与各个可能跟随他的部落首领进行商谈，很快就与铁木真的敌人和企图限制铁木真势力的部落联合在一起，形成了强大的联盟。

　　这些安排全都在地下进行。除非到最后安排妥当、准备行动的时刻，札木合和太阳汗不想提前走漏风声，以免铁木真知道他们结盟，转而对抗他们。但事与愿违，秘密并没有保持多久。他们一直非常谨慎，不向任何可汗或酋长提议结盟，除非完全确信这个汗王或首领赞成计划。但随着事态的发展，札木合和太阳汗放松警惕，最终犯下错误。太阳汗向一个名叫阿拉库斯的首领提出建议，邀请他加入联盟。太阳汗将提议写成信并专门派遣信使传递。信中详细阐明了联盟的特点、计划，并列举了已经结盟的可汗和部落名单。

　　碰巧，阿拉库斯统治着很多实力强大的部落，他的领地与金国接壤，出于某种原因，他更倾向加入铁木真的联盟。于是，阿拉库斯囚禁了信使，立即把这封含有详细阴谋计划的信件送给铁木真。铁木真收到信函时大吃一惊。直到此刻，他都认为太阳汗岳父是他最忠心、最值得信赖的朋友。于是，他立即召开会议，商谈应对方案。

铁木真有一个叫术赤的儿子，现在已经长成年轻的小伙。小伙的父亲认为，现在是时候让术赤入朝，与其他兄弟们和首领一样承担责任了。于是铁木真在会议中给术赤安排了座位，首次公开承认他是这个国家主要人物的一员。

与会人员听说太阳汗正与其他人联盟，强烈建议立即集结兵力，出发攻打，以防他们的计划完全成熟。但军队在马匹供给方面有一定的困难。铁木真大军各个部落的马匹由于之前的长途跋涉和战争中的其他消耗，已经

术赤

第十章 诛札木合

精疲力竭，除非进行一段时间的休整和招募，否则不宜发动新的远征。此时，铁木真的叔叔，一位名叫布雷的可汗立即解决了这个问题。布雷将自己牧场的马匹提供给军队。这一情况充分说明当时亚洲首领牧场的规模之大。

铁木真接受了叔叔的捐赠，立即着手准备远征。消息传到札木合这里，他催促太阳汗即刻集结联盟兵力，在铁木真大兵压境之前出发迎击。

札木合对太阳汗说："最好进行迎击，在他的土地上作战，不要等他跨过边境来蹂躏您的土地。"

太阳汗说："不可，最好再等等。跋涉时间越久，就越是人困马乏，供给也就越匮乏。如果我们战胜，他就越难撤退。"

因此，尽管太阳汗开始集结兵力，但并没有出发迎敌。铁木真率领大军到达太阳汗统治的乃蛮部边境时非常吃惊，因为没有发现敌人防御。更让铁木真吃惊的是，一条河流构成了天然的边境线，乃蛮部本来非常易于防御。但当铁木真的部队到达河岸，道路就呈现在了眼前。于是，铁木真立即带领全军跨过河流，向乃蛮部的领地进发。

铁木真小心谨慎，在行军途中保持高度警惕，以防陷入太阳汗预计的窘况——人困马乏、供给不足。他谨慎计算供给，携带了充足的粮草；行进中也非常小心，劳逸结合，确保人马都精力充沛、神清气爽。就这样，铁木真带领大军，一路到达太阳汗军队集结的地方。

　　双方立即按照战斗顺序编组军队。札木合是太阳汗军队的总指挥，由太阳汗的儿子屈出律协助。对面是铁木真的儿子术赤，大家推举他担任非常重要的职位。这两位年轻的将领要相互竞争，因此对彼此都充满敌意。他们二人分别担任各自队伍的先锋。术赤先发起进攻，屈出律迎战，你来我往。两位小将在战场上自始至终英勇异常，双方因此都声名大噪。

　　战斗从早上开始持续了整整一天。最后铁木真大获全胜。太阳汗一上场就受到致命伤，于是立即被抬下战场。虽然人们竭尽全力尝试挽救他的生命，但太阳汗还是停止了呼吸。他的儿子屈出律英勇奋战一整天，到了晚上发现大势已去，尽可能地聚集了一队人马，在慌乱中逃跑。屈出律带领这队残兵败将逃到一个叔叔的领地，希望得到他的临时庇护，等待时机，再做打算。

　　至于札木合，经过一整天的战斗，最终在接近天黑之时遭到围困，战败被俘。战争结束后，铁木真立刻下令砍去札木合的脑袋。铁木真认为札木合不是一个值得尊敬的敌人，而是一个叛徒，不值得怜悯。

第十一章

建立帝国

精彩看点

组建政府的计划——哈拉和林的宫廷——各位使节——铁木真制定宪法——可汗大选——国家行政区划——军队组织机构——武器军械——狩猎——奴隶——一大多妻制和奴隶制——妾——阴婚——惩罚偷盗——宗教信仰——自由选择——可汗大会——迪隆伊尔达克——驻地——大片帐篷和成群的牛羊——铁木真的讲话——铁木真当选大汗——送上王位，接受致敬——老通天巫阔阔出——可能疯了——通天师的预言——成吉思汗的称号——可汗们致敬——就职演说——欢庆——可汗们离开至此，这个疆域辽阔的国家都在铁木真的统治之下。国家囊括了亚洲大陆的大部分版图和大量实力强劲的部落。铁木真决定正式组建政府来巩固统治，但他还需要几场战斗镇压仍然反抗的可汗，也还有一些城市需要占领。铁木真很快完成了这些计划。与太阳汗大战后不久，铁木真发现自己已经成为他知晓的世界上无可争议的霸主。所有公开反对他的声音都消失殆尽。除了完善军队组织、颁布法令、选定都城、建立通用的文官政府制度管理国家内部事务，铁木真已经无事可做。

铁木真决定把都城定在哈拉和林。于是，他带领军队威风凛凛地来到这里，并在这里建立了非常辉煌的宫廷。之后的整个冬天，铁木真都忙于组建政府和巩固统治的初步安排。中亚各个国家和部落的使节纷纷前来，代表各自的首领向铁木真表示祝贺，并提出结盟。这些使节带的骑兵都衣着华丽、武装完备。那年冬天,哈拉和林前所未有地华丽壮观。

在民众关注游行、享受愉悦的时候,铁木真在考虑制定帝国宪法,确定法律体系。他私下和精通律法的幕僚讨论、商议并起草了政府管理制度和基本法规,并在枢密院讨论了法令草案的细节。第二年春,一切就绪。铁木真号召治下所有可汗及部落首领在指定日期参加会议,颁布上面提及的律法制度。

铁木真决定推行选举君主制。大汗①由所有可汗投票选举产生。新的大汗必须经过可汗大会选举确定。任何没有经过可汗们正常选举、自行宣布成为大汗或以其他方式试图任职最高权力职位的人,将被判处死刑。

整个国家划分为多个行省。每个行省有一位可汗管理。这些可汗必须严格对大汗负责。只要大汗召回,他们必须立即前往都城述职,参与听证。一旦证实他们有任何严重违抗大汗的行为或管理不善的情况,将被判处死刑。

铁木真以类似的原则改编了军队。他的军队以百人为编制,称为百户;十个百户结为一千户;十个千户结为更大的编制,以此类推。枢密院任命各级军官指挥军

---

① 大汗,亦作古儿汗,汗中之汗的意思。——译者注

队,并对武器弹药供应做出安排;武器装备都在弹药库中存储,由军官负责管理,便于战场需要时随时分发。

铁木真规定了城市和宫殿的建筑、道路的修筑及防御工事的建造;还规定无论何时,每人每周要有一天参与公共工程建设。

尽管目前即将成立新政府,国家一片祥和,铁木真还是希望人民不要失去战斗精神,这是他们的民族特色。铁木真制定法律来鼓励和规范狩猎,特别是对山区野兽的猎捕;随后还亲自组织多次狩猎活动,邀请朝中贵族及其他大首领参加,以唤起可汗们对危险的关注和猎捕的激情;他也经常调用军队参加这些活动,他认为这是替代战争的历练方式。

铁木真规定本国人不得做仆役,也不可从事任何低贱的工作。这些工作只能由战俘和奴隶完成。这样规定的目的之一是刺激人们对周边国家的征服欲,为国家和自己供应奴隶。

关于奴隶所有权的规定也非常严格,铁木真制定苛刻的法律来保障规定执行。不经主人允许,私自收留奴隶,给奴隶提供饮食、衣物或庇护者,处死刑;遇到逃亡的奴隶却不抓捕、绑缚并送还给主人者,处死刑。

按照法律规定,男人可以随意娶妻,数量不限;女奴隶完全由主人处理，可做妾。

我们在前文提到过一种非常古怪的契约，它依附游牧民族血缘和家庭关系的重要性存在。这种契约为已故的孩子安排冥婚，以这种方式将两个家族合法捆绑。通常这种情况下，两个家族会签订契约，如孩子仍然在世一般举行正式的仪式。仪式过后，两家合法结盟，共同履行现实婚姻中的义务和责任。据说，塔塔尔民族至今依然保留着这个风俗。塔塔尔人认为，已故孩子的父母隆重参与的仪式，会影响到死者的精神世界。为死者在尘世所做的安排和庆祝，会被天堂认可，得以圆满。

除了古怪而特别的规定，铁木真还颁布了普通法律，用以惩处抢劫、盗窃、谋杀、通奸及作伪证等行为。法律对违法行为的处罚普遍严厉。盗窃牲畜者处死刑；小偷小摸者处棍刑，处罚力度取决于违法行为的性质和程度；盗窃者如果财力充沛，也可以花钱赎罪，赎罪所需的金额是赃物价值的九倍。

关于宗教信仰，宪法规定，天地的创造者是唯一的；确认长生天为人类的主宰和最高统治者，并且是"唯一拥有绝对权力定人生死、致人贫富、随时对万物行使处置权的神"。这一条是宗教的基本条款。具体到各部落和氏族，铁木真允许他们用自己喜欢的方式举行各自的宗教仪式，决不允许任何人以任何形式干涉或者骚扰。

终于到了可汗大会召开的时间。大会没有在首都哈拉和林举行，而在中部内陆地区一个叫迪隆伊尔达克的地方召开。这个地方比国内任何城镇都方便。可汗远行时自己会带大批骑兵和牛羊牲畜，因此当多个可汗聚集时，一定要选择周围牧场辽阔、水草肥美，适宜大规模扎营的地方。

可汗们带着大批仆从陆续抵达，大家各自选址安顿，搭起帐篷，将马牛羊等牲畜赶到平原的牧场上。仅仅数日，整片土地上帐篷星罗棋布，骑兵不时在帐篷间穿梭，成群的牲畜在牧人和奴隶的照料下悠闲踱步，沿着山坡、通过峡谷向前行走，啃食青草。

可汗全部到齐后，大家选择在驻地中央举行仪式。在适合的位置为铁木真安置了一个比较高大的座椅，方便他在会场发言。铁木真周围聚集着各位可汗和他们的仆从。他向大家解释了召集会议的原因，宣布了未来的计划和打算；同时表明，经过大家的通力合作与支持，他们取得了一系列战役的胜利，为强大的国家奠定了基础。现在召集众人，目的是和大家一起组建属于自己的政府，并选举统治者管理这个政府。铁木真号召大家先推选统治者。

可汗们照章进行选举。其实选举只是一个形式，因为铁木真一定会当选。但选举流程还是要进行。众人指定一位最为年长且德高望重的可汗宣布结果。这位可汗神态庄重地上前，面向所有人宣布铁木真当选，然后对着铁木真讲话。此时铁木真坐在地上铺着的黑色毛毡上。老可汗提醒铁木真，神灵顺应天意，赐予铁木真至高无上的权力，因此行使权力应对长生天负责；他还说，如果铁木真治国有方，长生天就使他的统治繁荣昌盛、幸福圆满；否则，如果铁木真昏庸无道滥用职权，结局将很悲惨。

演讲结束，事先指定的七位可汗抬起铁木真，将他送上王位。王位设在会场中心，所有可汗和随从都走向前来，向铁木真致敬。

众人中有一位叫阔阔出的老先知，他因通灵的能力和苦行生活受人尊崇。老先知常年衣着单薄，无论冬夏都赤脚走路。大家认为老先知这种承受寒冷的能力是奇迹，也是通天的表现。因此，老先知得到一个象征天神形象的名字——通天巫。通天巫还说，时常有白马带他进入天堂，他在那里与长生天面对面交流，受托带信给世人。众人对通天巫说的话也完全信服。通天巫如果不是骗子，就是个疯子。此类情况下，通天通常只是个人臆想的某种精神上升华。虽然那个人可能还没有失去一

第十一章 建立帝国

般的工作、生活能力,但已经处于精神错乱的边缘,最终常常会陷入彻底疯癫错乱的精神状态。

通天巫走向仍坐在毛毡上的铁木真,在所有可汗面前向铁木真说出隆重的训诫。通天巫说,他受长生天的委托传达关于这个王国以及铁木真的内容。他宣称,现在必须履行长生天的意旨建立王国,这是长生天的旨意;还说自己受托授予铁木真"成吉思汗"的称号。这个王国不但在成吉思汗时代存续,还要传于后世,代代相传,直到永远。

听到通天巫的讲话,大家立即用新的称号向铁木真致敬。众人拖着长腔、高声欢呼"成吉思汗"。我们的主人公就这样获得了"成吉思汗"的称谓。这个名字很快传遍亚洲各个角落,从此享誉四海。

铁木真,我们今后要叫他成吉思汗的这个人,就这样接受了老先知赐予的新称号,并由人民共同宣布。此时,他坐在王位上接受臣民的致敬。可汗们首先上前向铁木真跪拜并九叩首,表示他们完全臣服于他的统治。可汗们退下后,其他人上前以同样的方式跪拜。最后一次跪拜之后,全体起立齐声呼喊:"伟大的成吉思汗万岁,伟大的成吉思汗万岁……"空气中回荡着人们的呼喊,一遍又一遍。

仪式结束后,新的统治者做了就职演说。各位可汗和他们的仆从重新在王位前聚集,聆听成吉思汗的演讲。成吉思汗在演说中感谢大家给予的荣誉,感谢大家选举他坐上最高权力的宝座,并宣布了管理帝国的原则。同时,他向大家承诺,将公正仁慈地对待每个臣民,保护大家不受任何敌人的伤害;他还说,在他统治期间,会尽己所能地让大家生活得舒适幸福,带领大家共赴荣耀、享誉世界;他还会公平、公正地对待不同的部落,蒙古人和塔塔尔人都是自己的子民,他不会偏向任何一方。

成吉思汗结束演讲后向各位可汗分发礼物,无论部落强弱,人人有份。大家还举办了大型庆祝活动,活动持续了七天。可汗们宴饮欢愉后逐个离开。各个部落拔营起寨,回归家园。

第 章

辽阔的疆域

精彩看点

哈拉和林——城镇不重要——哈拉和林城——建筑——壮观的驻营地——帐篷的结构——女人的住所——山地和野兽——狩猎——当时狩猎的风险——现代武器——卡宾枪——雷弹——巴黎德维思姆枪生产商——样品——非常危险——野兽比人类更骇人——狩猎大管事——胆小的动物——计策——捕鹿方式——驯马——大沙漠——寒冷——牧场——没有森林——火烧平原上的草——各个部落归顺

一切结束后,成吉思汗带领官员及近亲随从回到哈拉和林。这个城市名义上是帝国的都城,其实并不重要。在那个时代,村落和城镇地位不高。作为商业和制造业所在地是它们唯一的作用。蒙古人和塔塔尔人以游牧生活为主,对财富和地位的概念主要源于浩大的牧群,宽敞的帐篷,成列的车箱里装载的衣服、武器及家具,宽阔的驻地和广袤的牧场。游牧民族认为长期在固定住所居住的人是下等人,是贫穷和辛劳将他们困在同一个地方;而游牧者可以赶着牛羊在草原上悠闲地漫步,骑着快马和骆驼在郁郁葱葱的山谷或曲折蜿蜒的河岸,随意选择驻地,去任何他们想去的地方。

哈拉和林并不雄伟壮观。城周土墙环绕,墙体由晒干的泥巴砌成。平民住在简陋的小屋,国王的宫殿也一样,所有公共建筑的结构都非常单薄。当时蒙古人所有建筑的风格和结构都和帐篷一样。

新的君主并没有在哈拉和林久居。成吉思汗常年带领军队在领地的各个角落巡游，镇压起义，平息对他不满或反叛的可汗，解决部落间的争端。远足行军时，成吉思汗习惯带领军队穿越平原，轻车简行。有时建造一个长期的营地作为行宫，供成吉思汗数周或数月长期停留。

不止成吉思汗，很多大首领也习惯这种生活方式。其中有一处驻地，如果我们能亲眼所见，也会感到震惊。地面规划得像城镇一般，非常整齐，分为街区、街道和广场。驻地占地方圆一英里，中央是可汗本人的金帐。在这一大块空地上，不仅要容纳可汗的金帐，还要容纳成排的小帐篷，供可汗的妻子们和其他女眷居住；还有各种车子，车上的箱子里装满了粮食、衣物、武器和可汗随身携带的珍宝。

围裹可汗帐篷的材料，夏天用棉布，冬天用毛毡，用以保暖。可汗帐篷的高度远超其他帐篷，用鲜艳的颜色涂抹，还装点着原始的饰品。

女人住在大帐的周围或者附近，她们住在帐篷或者小木屋里。木屋质地轻巧，结构简单，方便迅速拆卸、打包后装上马车，转向下一个驻地。无论任何时间、任何缘由，只要主人需要，小木屋都可以随马车转移。

第十二章 辽阔的疆域

成吉思汗的领地大多是肥沃的草场。草场上盛产肥美的牧草，足够牧群消耗。领地上还有许多清泉和溪流。但也有一部分山地，那里有成群的老虎、猎豹、狼等猛兽出没。成吉思汗时常组织大规模的队伍在山间狩猎。在蒙古王国，有一个比较高的官职叫狩猎大管事，负责监管整个王国所有与狩猎相关的事务。狩猎大管事这一职位甚至高于第一大臣。成吉思汗任命术赤担任狩猎大管事，同时任命两位年纪较大、经验丰富的可汗担任国务大臣。前文在铁木真召开战争委员会的时候已经提到术赤，还有后来与太阳汗的战斗，术赤在那场战争中声名远扬。

即使现在，人们使用火器在亚洲的山岭间猎捕成批出现的猛兽也是非常危险的娱乐活动。当时，猎人没有弓箭、长矛和梭镖以外的其他武器，狩猎极其危险。如果只有普通武器，一只成年的非洲狮可以抵御四十个人的攻击。少于四十人基本没有可能猎杀，即使这么多人一起围猎，也很难轻易成功，一般会有两三人的伤亡。

现在的火炮威力惊人。一个人如果足够勇敢、沉着、冷静，也可以对付一头狮子。还可以用双管卡宾枪，枪管内有螺纹管，子弹射出时通过枪口旋转而出，穿越空气精准地命中目标。卡宾枪的子弹不是球体。子弹的弹筒是圆柱体,弹头呈圆锥状,里面填充高硝火药。子弹爆炸产生的威力比火药还猛。圆锥状的弹头能与圆柱状的弹筒分离。子弹击中狮子或野兽身体的时候会像雷管一样爆开,炸药瞬间在动物体内爆炸,钢制的弹片分散在动物体内各处。一颗普通的火枪子弹即使完全射穿野兽的身体,也只能激怒它,让它更凶狠地冲向猎手;但一颗雷弹在动物体内任何地方爆炸都能使它瞬间倒地,痛苦地哀嚎,抽动几下后一命呜呼。

巴黎的意大利大街是德维思姆枪的生产地,主要为阿尔及尔猎狮人生产卡宾枪。人们散步路过橱窗时,可以停下来欣赏展示在那里的子弹样品。不同型号的子弹适合不同口径的枪管,有的保存完整,有的炸成了碎片。

巴黎的意大利大街

第十二章 辽阔的疆域

子弹像射入野兽身体一样射入土壤，然后爆炸。人们将弹片挖出来保存在橱窗里，展示子弹爆炸的威力。

即使掌握威力骇人的武器，猎手也还需要过人的胆量、超乎寻常的冷静心态和直面野兽时依旧可以迅速奔跑的沉着，才有希望获胜。在成吉思汗时期，人们只有长矛、梭镖和弓箭护身，捕猎极其危险。从某种程度上说，那个年代的野兽比人更恐怖。对人类来说，无论愤怒激起多么强烈的情绪，恐惧依然存在。面临绝对彻底的毁灭之境，人类不会执意继续抗争。如果感觉彻底无法与对方抗衡，可能就会撤退。因此，对于人来说，无论多么喜欢铤而走险，只要对方掌握绝对主导力量，就可能会受到对方攻击而不会去攻击对方。

但野兽并非如此。无论对面有多少人，无论对方的武器多么骇人，一旦激怒狮子、老虎和豹，它们会直扑敌人，毫无畏惧。它们无疑是自取灭亡，但同时，它们也会摧毁至少一个敌人。人们在攻击它们的时候无法预料会不会有人成为其愤怒的牺牲品。

在山间猎捕野兽非常危险。毋庸置疑，狩猎大管事是一个受人尊敬而又无比光荣的职位。

然而，狩猎对象也不全是上面提到的危险动物。有些动物本身非常胆小，没有攻击性，靠奔跑躲避危险。

这些动物主要靠马和狗追捕，或用计围捕。在蒙古某些地方有一种鹿，猎人习惯用下面这种方式抓捕。

猎人靠近一群正在觅食的鹿时，分成两拨。一拨在灌木丛中拿着鹿角举过头顶，装作有真的鹿在那里；另外一拨拿着弓箭、长矛、标枪等在附近埋伏。拿着鹿角的猎人躲在灌木丛后模仿雌鹿鸣叫。雄鹿群听到声音会立即靠近。猎人举着鹿角在灌木丛里四处移动，迷惑雄鹿，进而激怒它。雄鹿准备决斗，前蹄抓地，注意力集中在灌木丛中的假鹿角上。这时，另一拨埋伏的猎人慢慢靠近，瞄准目标，射中受骗雄鹿的心脏。

当然，成功实现这样的狩猎需要大量的技巧和练习。猎人还有很多其他只有通过特殊、系统的训练才能掌握的技能。最困难的技能之一是驯马，让马敢于面向凶猛的老虎和其他野兽前进，不产生恐惧。马对野兽具有强烈的、发自本能的恐惧，而且非常难以克服。蒙古猎手尝试各种方法激发马的斗志，使它们能够直面这些恐怖的敌人，像在战场上与其他马匹和骑兵交锋一样，激情前进。

成吉思汗的领地上除了上述的山区，还有几处沙漠。其中最大的沙漠延伸至亚洲正中心，是世界上最大的贫瘠陆地之一。与其他大沙漠不同的是，这座沙漠的海拔

第十二章 辽阔的疆域

非常高。在如此高海拔的地方，贫瘠很大程度上不可避免。沙漠大部分由岩石和贫瘠的沙子构成。在本书成书时，沙漠还完全不适宜居住。由于海拔很高，天气也非常寒冷，一年中除了最暖和的季节，其他时间根本无法穿越。

领地上其他地方的海拔没有这么高，陆地也不会这么贫瘠。陆地上生长着草和草本植物。人们会在特定季节来这里放牧。

整个领地上没有大规模的森林。山野间有一些杂乱的灌木丛，野兽在里面出没、做窝，这就算是森林了。或许人们像美洲大草原上的印第安人一样，有每年春天火烧平原的习惯，导致森林不能茂密生长。春天，前一年枯萎的草缠在一起，紧贴地面，人们认为纠缠的枯草会阻碍新草的生长，因此，他们在春天的某个早上，借着春风放火烧平原。火势很快漫过整片草原，烧光地面上的一切植物。但草的根在地下，不会受到影响。新草很快会破土而出，茁壮生长。人们认为，正是由于烧掉了枯草，新草才能形成丰满的草甸，可以在后期迅速生长。不过现在我们知道，其实是枯草燃烧留在地面的草木灰化为肥料起了较大作用，新鲜植物的繁茂生长很大程度上得益于这种肥料。

这就是蒙古游牧民族居住的土地。此时这片土地由成吉思汗统治。成吉思汗的领地没有固定的边界，因为他统治的是部落，而不是特定的区域。现在，几乎所有的蒙古部落和塔塔尔部落都已经归顺于他，但他依然会向更偏远的部落发动小规模战争，直到所有部落最终全都承认他的统治。下章将会叙述这些战争冲突。

第十三章

乃蛮余孽

精彩看点

屈出律逃跑——脱黑脱阿·别乞——卡申——铁木真追击脱黑脱阿与屈出律——逃往不亦鲁黑部落——卡申沦陷——宣言——铁木真回归哈拉和林——不亦鲁黑很谨慎——大战——不亦鲁黑战败被杀——屈出律与脱黑脱阿逃跑——额尔齐斯河——阿迪什——脱黑脱阿的追随者——成吉思汗冬季追击——困难重重——脱黑脱阿之死——屈出律再次逃脱——土耳其斯坦——受到古儿汗的接纳——礼物金雕——兀鲁思·依纳尔

大家应该记得太阳汗的儿子屈出律。前文提到，太阳汗是乃蛮部的可汗，曾在札木合的煽动下组织反铁木真联盟。屈出律就是在大决战中与铁木真的儿子术赤对战的那位年轻将领。在这场战斗中，太阳汗被杀，札木合被屠，这位年轻的首领成功逃脱。

屈出律与一位叫脱黑脱阿·别乞的首领一起逃出战场。脱黑脱阿·别乞是一个强大部落的可汗，他想把部落的都城定在卡申。卡申在金国的西南方向，离边界不远。脱黑脱阿带着屈出律逃往卡申，准备在那里招兵买马对抗铁木真。这里我们仍使用铁木真，因为战争刚刚结束，铁木真还没有获得成吉思汗的称号。

铁木真发现脱黑脱阿与屈出律逃往卡申，立即决定追击。脱黑脱阿听到消息，立刻开始加固卡申的防御工事，增加驻军，储备各种食物和军需物品。在备战期间，脱黑脱阿听说铁木真已经带军逼近自己的领地。对方实力强大,脱黑脱阿自知无法抵抗,手足无措,不知如何是好。

太阳汗的弟弟不亦鲁黑也是一位实力雄厚部落的首领,他的领地就在不远处。脱黑脱阿认为说服不亦鲁黑帮助自己作战比较容易,因为他们要共同抵抗不亦鲁黑哥哥的死敌。于是他决定留下驻军守卫都城,自己去不亦鲁黑的领地搬救兵。脱黑脱阿先派屈出律去安全的地方,自己亲自安排都城的防御部署,以防自己不在都城时敌方攻击;之后出于对长子安全的考虑,带着他一起,率领一小队骑兵前往不亦鲁黑的领地。

铁木真率军到达卡申时发现要追讨的人已经不在城里,但他仍然决定拿下这座城市,于是立即发动围攻。守军拼死抵抗。但双方实力悬殊,铁木真很快攻下卡申。他下令屠杀城里所有抵抗他的人,毫不心慈手软;他还把城墙和其他防御全部夷为平地。

然后,铁木真宣布,只要部落发誓与他联盟,他就终止战斗。所有人都没有异议。脱黑脱阿的部落和附近许多附属部落的可汗全部归顺铁木真,发誓接受他的统治。

上述事件全部发生在铁木真与太阳汗大战之后,受封为成吉思汗之前。实际上,铁木真出征卡申追击屈出

第十三章 乃蛮余孽

律和脱黑脱阿期间，就对战争耗费的时间感到忐忑不安。铁木真着急回到哈拉和林采取措施巩固统治，因此，他决定停止追击，立即返回哈拉和林，下个季节再做打算。如前章所述，铁木真回到哈拉和林的冬天制定了宪法，安排了次年春天的可汗大会。

与此同时，脱黑脱阿·别乞和屈出律受到了太阳汗的弟弟不亦鲁黑的友好款待。他们一度认为铁木真摧毁卡申后会继续追杀屈出律，不亦鲁黑也在准备防御。但听说铁木真放弃追击，回到了哈拉和林，三人的忧虑暂时得到缓解。不过他们非常清楚，危机只是推迟，并没有解除。不亦鲁黑决定保护侄子的事业，并在可能的情况下为哥哥报仇，于是他努力增强军力，加固防御工事，采取一切可能的防御手段抵御下个季节可能面临的攻击。

不亦鲁黑预料中的进攻如期而至。铁木真解决了政府事务，受封成为成吉思汗后，抓住新一季的首次进攻机会征讨脱黑脱阿和不亦鲁黑。成吉思汗率领强兵踏入不亦鲁黑的领地。不亦鲁黑前来迎战。两军鏖战后，不亦鲁黑被彻底打垮。不亦鲁黑战败后试图逃跑，但被追兵捉回了成吉思汗营帐，被处死在那里。毫无疑问，征服者一定会为自己残忍地对待无助囚犯的行为辩解：不亦鲁黑和札木合一样，不是一个坦诚的、值得尊敬的敌人,而是敌对者和叛徒。因此,处死他只是处决罪犯,不是虐杀囚徒。

不亦鲁黑被捉遭屠,屈出律和脱黑脱阿却成功逃脱。屈出律和脱黑脱阿向北方逃亡,之后又朝西走,似乎不知该去哪里;最后,二人终于在额尔齐斯河河岸找到一块地方避难。这条河发源于亚洲大陆中心附近,向北流入北冰洋,流经成吉思汗领地西北方的部落,不在他的领地内。屈出律和脱黑脱阿带着一小众仆从在这里流浪,直到抵达一个叫作阿迪什的要塞,二人决定在那里驻扎。

这里似乎是脱黑脱阿·别乞的领地。脱黑脱阿有朋友在阿迪什,附近的人立即蜂拥前来支持他。这位逃亡的可汗很快掌握了大批兵力;不亦鲁黑被杀的那场战争中,逃散的残部也找到了他,因此他的兵力得到了进一步加强。

起初,成吉思汗不知道屈出律和脱黑脱阿的下落,直到第二年,他才得知屈出律和脱黑脱阿的藏身之地。听说他们的所作所为后,成吉思汗准备出征额尔齐斯部落,向他们发起进攻。成吉思汗到达额尔齐斯部落的时候正值寒冬。他在隆冬匆忙出兵,主要是为了防止脱黑脱阿的防御工程建造完毕。听说成吉思汗在这个季节来攻,脱黑脱阿和他的朋友大吃一惊,他们还没有完成要塞的防御工程,知道与成吉思汗的大军在平原上抗衡没有胜算,于是全部躲进堡垒或堡垒附近,静候敌军到来。

额尔齐斯的冬天异常寒冷,成吉思汗一路遭遇重重阻碍:河水冻结成冰,道路被白雪淹没,无法通行。他甚至不知道屈出律藏身的要塞究竟在哪里。多亏一些部落的帮助,否则大军根本不可能找到目的地。成吉思汗在路上遇到的这些部落成了他的向导。这些部落看到成吉思汗率领的大军,知道抵抗毫无意义,于是立即投降,派出骑兵与成吉思汗一起沿着河堤前行,为他指路。

成吉思汗在向导的帮助下继续前进。到达阿迪什要塞后立即逼迫脱黑脱阿和他的盟军应战。脱黑脱阿的军队很快战败,士兵四散逃跑。脱黑脱阿和与他结盟的可汗及首领全部被杀,屈出律再次幸运逃脱。

屈出律带领一小队随从,骑着马漫无目的地游荡,历经艰难困苦,最终到达古儿汗的领地。古儿汗实力强大,统治着亚洲西北至里海的区域,即现在的土耳其斯坦。后来繁衍蔓延至西亚和东欧的突厥人从这里起源。

古儿汗非常友好地接待了屈出律等人。成吉思汗没有继续追赶。不知是因为路途太过遥远,还是古儿汗太过强大,成吉思汗不敢贸然挺进。无论如何,成吉思汗暂时放弃追讨屈出律,在获得了阿迪什之战的全部胜利果实，接受了当地所有部落与可汗的臣服后，启程回归。

据说有一位可汗归顺的时候，依照风俗送给成吉思汗一份特别的礼物——雕。雕是一种硕大凶猛的食肉禽类，但能将它训练得像猎鹰一样。中世纪时期欧洲的王公贵族非常珍视这种鸟。小部落的可汗在重大场合向更强大的统治者进贡这种礼物，这是一种惯例，是向对方臣服的象征。雕的全身用金子和宝石装饰，这份礼物在这种情况下显得极其奢华。

这份礼物来自兀鲁思·依纳尔首领。兀鲁思是成吉思汗征讨额尔齐斯途中，脱黑脱阿战后被杀的那场战斗中向他臣服的一个首领。他用非常隆重的仪式将雕献给成吉思汗，这象征归顺与致敬。

屈出律的命运将何去何从，我们在下一章讲解。

第十四章

亦都护

精彩看点

亦都护——古老的包税制——包税制的罪恶——现代体制——没有利益关系的税务官——独立、公正的法庭——浪费公共资金——少监——亦都护与古儿汗的税官之间的斗争——叛乱——致函成吉思汗——成吉思汗接见使节——亦都护拜见成吉思汗——古儿汗大怒——屈出律的后续历史——哲别——屈出律最终战败逃亡——惨遭哲别追击——屈出律之死——成吉思汗凯旋另有一位实力强大的可汗叫亦都护[①]，他的部落一直在古儿汗的统治之下。古儿汗是土耳其斯坦的大汗。屈出律向古儿汗寻求庇护。不过，当时亦都护背叛古儿汗，转而投靠了成吉思汗。基于当时特殊的政治裙带关系，这些不同的部落和民族之间在一定程度上彼此关联。亦都护统治的部落是土耳其斯坦的属国。古儿汗指派官员少监在亦都护的部落驻扎，主要负责收税并上缴国内。与当时所有税官一样，少监的实际收缴税额通常比应收税额多。当时，各国政府通常采用税赋承包的方式征收属国或行省的税赋。政府在特定区域向某个有钱人征缴固定额度的税赋，然后，这个有钱人代替政府向百姓征缴税赋。当然，有钱人缴纳给政府的税额要远远低于他

---

① 亦都护，我国古代高昌回鹘等突厥语诸部首领的称号，意为"幸福之主"或"神圣陛下"。——编者注

向百姓收缴的税额。为了自己的利益，收税官会尽可能地勒索百姓，补偿他支付给政府的税款和辛苦收税的劳作，超出他支付部分的税款全都归收税官自己所有。即便事后有人向政府投诉收税官横征暴敛也于事无补。政府明白，一旦谴责或惩罚收税官，或以任何方式干预他们的行为，第二年将无法与他们达成如此互利的合作。

包税制带来严重的压榨和勒索，而人民苦于无法反抗，不得不被迫忍受。现代文明国度基本全部废止了包税制，政府指派官员直接征税，收税官缴纳的税额不再固定，要实数缴纳他们征得的税额。因此，收税官在某种意义上是公正的。即便收税官征得的税款超过了法律授权的额度，超出部分也全归政府所有，收税官很难从中牟利。此外，法院在很大程度上独立于政府。纳税人如果觉得自己的权益受到侵害，可以立即向法院起诉。诉讼通常会带给纳税人很大的麻烦和开销，但纳税人最终肯定会获得公正的判决。在旧体制下，纳税人除非向国王或首领投诉，否则根本无法获得补偿。况且纳税人的投诉也很少获得关注。由于当权者不愿因税务争端自找麻烦，税收的直接获利者也不愿将敲诈得来的钱退回去，或者更确切地说，不愿证明钱是敲诈勒索得来的。因此，可怜的纳税人发现，收税的官员和负责案件的仲

第十四章 亦都护

裁官都直接针对自己，纳税人不断受到冤屈。而现代制度规定，无利害关系的官员负责决定和征收税款，独立的法官负责裁决所有争端，这些规定几乎完全隔绝了罪恶的根源。现在唯一的问题是公共资源的挥霍与浪费，导致政府不得不筹集大于实际需求的资金。也许将来，人们会找到简单明了的方法解决这一问题。

上文提到，古儿汗（土耳其斯坦国王）在辖下亦都护的领地派驻的税收官叫少监。少监压迫百姓，收税额远高于应缴额。少监是敲诈勒索中饱私囊，还是借古儿汗的名义一心为主人服务，通过压榨人民，尽可能多地给土耳其斯坦送去税收，从而获得青睐，我们不得而知。无论百姓如何痛苦地抱怨，都没办法见到少监的主人古儿汗，只能向自己的可汗亦都护投诉。

亦都护劝阻少监，少监非但没有听取建议减少压榨，反而忌恨亦都护的干涉，傲慢地威胁亦都护。少监的威胁让亦都护非常生气。事实上，亦都护以前就很生气，他也应该生气。一位效忠他国元首的人，在自己的地盘上作威作福。亦都护劝阻少监时，少监的回答彻底激怒了亦都护。亦都护立即暗杀了少监，并屠杀了古儿汗派驻在他领地协助少监征税的所有官员。

当然，谋杀这些官员意味着公开反对古儿汗。亦都护为了免受谋杀事件带来的影响，决定带领部族投靠成吉思汗。

于是，他即刻派两位使臣出使蒙古，带着自己的请求去找蒙古皇帝。

使者在一队侍卫的护送下进入蒙古疆域，不久就遇到了成吉思汗。当时成吉思汗正要讨伐反叛部落。使者受到了非常热情的款待。此时成吉思汗还没有准备对古儿汗公开作战，也没有准备追击屈出律王子，但他计划未来完成。同时，他也非常乐于削弱敌对势力，挖走反对对方的部落。

于是，成吉思汗非常热情而友好地接见了亦都护的使者，并欣然接受亦都护托使者带来的提议。为充分证明自己接受亦都护的态度和诚意，成吉思汗派两位大使护送亦都护的使者，并同他们一起返回部落，向亦都护证明成吉思汗的诚意，并承诺保护亦都护的领地。

亦都护见到使者归来，得知任务圆满完成，非常高兴。他立即决定亲自去成吉思汗营地觐见，向皇帝表达敬意和诚意，确保达成新的联盟。于是亦都护准备好礼物，带领卫兵部队赶赴成吉思汗营地。成吉思汗非常热情、友好地接见了亦都护，接受了他的礼物；他对亦都护非常满意，将一个女儿嫁给亦都护。

古儿汗最初听说少监和其他官员被杀，勃然大怒，宣称要将亦都护的领地夷为平地，为属下报仇。但得知亦都护投靠了成吉思汗，特别是娶了成吉思汗的女儿后，古儿汗认为推迟复仇更为明智。他不愿与一个如此强大的国家为敌。

第十四章 亦都护

屈出律在土耳其斯坦及其属国停留多年,娶了古儿汗的女儿。或许是由于他的姻亲关系和在自己国家的地位,或许是由于他作战英勇且具备军事才能,屈出律在西亚可汗中的影响力迅速提升,后来还组织反叛,发兵讨伐古儿汗并夺取了他的大半领地。然后,屈出律召集大军,准备征讨成吉思汗。成吉思汗派出一员猛将,带领一支纪律严明、训练有素的冲锋队迎战屈出律。这个将军就是哲别。屈出律面对威胁毫不胆怯,他的大军规模比哲别强大很多,因此他毫无惧意,直面迎敌。然而,他战败了。看到大势已去,屈出律带着一小队骑兵成功逃脱。

哲别立即带一小队骑兵,快马加鞭追击逃亡的屈出律。屈出律一行人在战场上作战已经筋疲力尽,在逃亡途中又因紧张和恐惧不知所措,因此无法保证集体行动。哲别将他们一一抓获并斩首,最后只剩三人。这三人紧紧追随着屈出律,一直和他一起,直到哲别再找不到他们的踪迹。

最后,哲别在一个叉路口问一位农夫,是否见到几个陌生人骑马路过。农夫说,有四个骑马的人刚路过不久,并告诉哲别他们的去向。

哲别带人朝农夫所指的方向加速前进,不久就追上了落魄的逃亡者。他毫不犹豫地向屈出律发起进攻,当场斩杀并砍下屈出律的首级,提着屈出律的人头回去向成吉思汗复命。

由于哲别出色地完成了任务,成吉思汗对他大肆嘉奖。

然后，成吉思汗将屈出律的头颅作为他克敌制胜的象征和战利品挂在杆子上，向所有军营和周边的村落展示。同时，悬挂屈出律的首级也在警告大家，抵抗他权力的人会有如此危险的结局。

第十五章

胡沙虎传

精彩看点

金国——中国长城——边境——长城之外——与金国争端的根源——完颜永济——成吉思汗的蔑视——组建军队——胡沙虎——许多可汗投靠成吉思汗——打败胡沙虎——成吉思汗受伤——胡沙虎狼狈不堪——恢复大权——金国内部的分歧——蒙古进犯——胡沙虎叛乱——永济驾崩——胡沙虎前行——战场——胡沙虎取得胜利——高琪远征——战败——胡沙虎大怒——高琪第二次领军作战——沙尘暴——高琪决定孤注一掷——进攻——胡沙虎逃跑——胡沙虎在花园被杀——高琪得以赦免并获升迁

相关文献对成吉思汗执掌蒙古和塔塔尔部落的最高权位后的有关事件和权力交接的记录不是十分完善,甚至很多方面还比较混乱。不过,成吉思汗应该是在当选蒙古大汗五年后的1211年卷入与金国①的战争,最终取得了至关重要的胜利。金国在蒙古以南,与蒙古接壤,边境由著名的中国长城防护。长城由西向东穿越高山峡谷,蜿蜒数百英里,从大漠到海洋。长城上从头到尾的各显要位置都有瞭望塔守护,每隔一段距离还有驻扎着强军的城镇布防,一旦有需要,军队可以随时向长城的不同塔哨出发,无论哪个地点都会有军队达到。

严格来说,长城并不是边境线,因为长城以北相当一部分地区也由金国统治。在这些地区有许多大城镇,还有坚固的堡垒。城镇和堡垒中都有金国军队驻扎。

---

① 当时中国分为南北两部分,是两个独立的政体,北部是金国,南部是宋朝,本书中成吉思汗征服的是金国。——译者注

成吉思汗

长城外的住民主要是塔塔尔人和蒙古人,属于契丹民族或部落,他们想反抗金国的统治。为了保证长城外的住民继续臣服,金国一位皇帝颁布诏令,规定这些长城以北各府的总管全部住在长城外面的大城镇和要塞;在驻地的金国人口数量是契丹人的两倍。这一规定引起契丹人更多的不满,更想推翻金国的统治。

除此之外,金国政府与成吉思汗之间的积怨也越来越深。很久以前,蒙古要向金国进贡。许多年前,成吉思汗居住在哈拉和林,当时还是王汗的臣子铁木真。金国皇帝派了皇子永济到蒙古接受进贡。永济在蒙古遇

长城

第十五章 胡沙虎传

契丹人

到铁木真,但两人相处并不和睦。永济对铁木真的轻蔑态度让铁木真怀恨在心。铁木真的性格一直以来都非常骄傲,看重自尊,不愿意支付朝贡。永济非常愤怒,回朝后立即向皇帝严厉指控铁木真的罪行,请求皇帝抓捕并处死铁木真,但皇帝拒绝如此冒险地行动。后来,铁木真得知永济的指控,暗下决心,有朝一日一定要报仇雪恨。

　　三四年后,铁木真成为大汗,金国皇帝驾崩,永济继位。第二年,永济派官员去成吉思汗的部落收取朝贡。

官员到达成吉思汗的金帐。成吉思汗问官员是哪个皇帝派他来传信的。

官员回答说,永济皇帝。

成吉思汗用轻蔑的口吻重复道:"永济。中国俗话讲,他们的帝王是天子。但是似乎他们选的皇帝是个上不了台面的。"

中国确实有这样的说法。这个民族非常看重自己的国家尊严和名誉,自古至今,从未改变。

成吉思汗说:"回去告诉你们皇帝,我是全权的主宰。我绝不承认他是我的统治者。"

信使带回的充满挑衅的消息让永济勃然大怒,他立即着手准备战争。成吉思汗也开始备战。他派使节出使长城外各大部落,邀请各位可汗加入自己的队伍。成吉思汗组建了强大的军队,分几支队伍交给最优秀的将领指挥。永济也组建了一只大军。据历史学家称,永济的军队有三十万人。他派胡沙虎将军指挥这支三十万人的部队,下令向北方进军,拦截成吉思汗的军队,在长城城墙外保护长城和各要塞免于成吉思汗的攻击。

在随后的战争中,成吉思汗取得了非常大的成功。蒙古军队占领了长城外多个城镇和要塞,每次胜利都吸引更多当地部落和氏族投靠。许多部落都反对金国政府

第十五章 胡沙虎传

的统治，转而投靠成吉思汗。其中有一位实力强大的首领，能够指挥十万大军，为了与成吉思汗郑重结盟，他带领自己的使节和见证者一起登上高山，依照惯例举行了仪式。仪式包括宰杀一匹白马和一头黑牛祭献，折断箭矢，并且发誓，誓死效忠成吉思汗。

作为支持自己事业的回报，成吉思汗让这位首领做了当地的最高统治者，并将此消息昭告天下。成吉思汗的这种行为鼓励了更多可汗和首领投靠。最后，有一个戍守长城隘口和要塞的官员也转向了成吉思汗。就这样，成吉思汗不费一兵一卒，进入了金国领地，永济和他的大将军胡沙虎都对此极为震惊。

最后，经过各种探索行军，成吉思汗得知胡沙虎的整个军队驻扎在山脚下一个非常优越的位置，决定前去进攻。在这场战争中，胡沙虎节节败退，被迫撤到一个防卫森严的城市。成吉思汗一路紧追到这里，开始围城。胡沙虎发现自己濒临险境，弃城逃跑。成吉思汗正要占领这座城市，却被一支来自城内的箭射中，伤情非常严重，于是停下了征服的脚步。

成吉思汗的伤情非常严重。他发现自己在伤痛的折磨下无法指挥军队作战，于是撤走军队，退回自己领地，等待伤口愈合。伤口经过几个月完全恢复。次年，成吉思汗重新安排征程，向金国出发。

成吉思汗撤退之前，胡沙虎屡战屡败，节节败退，狼狈不堪。军中的竞争者、敌对方和朝廷上的对手合谋反对他。他们向皇帝进言，说胡沙虎不适合指挥军队，他胆小无能，已经丢失数个城镇。由于这些进言，永济收回了胡沙虎在军队的指挥权。胡沙虎狼狈不堪。

胡沙虎大为光火，决心复仇。他在朝廷上有一大批支持者，当然也有反对者。经过长期激烈争斗，胡沙虎的支持者成功诱使皇帝恢复了他的指挥权。

但争斗并没有结束。成吉思汗次年再次入侵的时候，金国朝堂人心涣散，行动也因内斗几乎瘫痪。成吉思汗因此轻而易举取得了胜利。金国的将军们只顾争夺眼前的利益，并没有同心协力共同抗敌。

胡沙虎愤怒到了顶点。决定推翻反对他的皇帝，暗杀所有反对他的同僚，最后处死皇帝，自己登基。

为了实施这个计划，胡沙虎奋力抗击成吉思汗和蒙古大军。敌军越来越深入金国领土腹地。这激起了大家的不满和激愤，为胡沙虎的阴谋叛乱铺就了道路。

行动的时刻终于来临。胡沙虎率领大军突然出现在首都城门，发布蒙古大军即将到来的警报，进而逼近皇宫，继续沿途发布警报。同时，一队队的士兵涌向全城各个角落，借口发现了阴谋或者假称反对派的人通敌出卖都城，逮捕、处死了反对派的领导人物。这一指控以及蒙古大军到来的警报引起了大家的慌张与混乱。皇权系统瘫痪，导致没有人反抗胡沙虎，或者说没有人试图挽救被逮捕的人。反对派的一些人被就地处死，还有一些被关进监狱。胡沙虎成为这座城市无可争议的统治者。他随后逼宫夺位，将皇帝关进地牢，之后不久就处死了皇帝。

这就是永济的结局。但胡沙虎登基称帝的计划最终也没有成功。他发现自己称帝会遭到非常强烈的反对，于是中途放弃计划，选了一位皇子继承帝位，自己继续掌管军队。胡沙虎认为，这样可以有效破坏敌人在都城的势力和影响力。他再次带领军队前往北方，迎战成吉思汗。

此时，由于脚意外受伤，胡沙虎行动不便，但他仍然坚持出征。胡沙虎在一条河边试图过桥的时候遇到了成吉思汗的先锋队，他决定立即出击。但由于脚伤无法单独行动，胡沙虎让人把他放在车上，奔赴战场。

或许由于成吉思汗在后方和主力军团在一起，没有到现场指挥，蒙古人此战大败，被迫退兵。

次日，胡沙虎希望乘胜追敌，攻打蒙古先锋队，却无法亲征。由于战事辛劳，伤口时常暴露，加上经常移动导致的剧烈运动和颠簸，尽管胡沙虎已经非常谨慎，他的脚伤还是越来越严重。伤口当晚开始发炎，次日开裂。胡沙虎不得不放弃亲征，改派一名将军替他带兵追讨。这名将军就是高琪。

高琪上阵追讨，不久就战败而归。胡沙虎听到高琪战败的消息非常生气。脚上的伤口也使他脾气暴躁、蛮不讲理。无论出于什么原因，胡沙虎都认为高琪战败是由于追击迟滞，是懦弱无能，是叛国。无论如何，都是死罪。胡沙虎立即派人向皇帝禀报，请求判决高琪死罪，并授权自己处决。

但皇帝知道高琪英勇忠诚，没有同意。

同时，收到皇帝的回复之前，胡沙虎的怒意也有所平复。于是，收到回信之后，胡沙虎称愿意再给高琪一次机会。

胡沙虎说："重新编整大军前去御敌。如果你能获胜，我就原谅你的失误，赦免你的死罪；如果你再次战败，死罪难逃。"

高琪再次领兵出发进攻蒙军。他们向北挺进，来到沙漠附近。进攻时北风肆虐，漫天的沙尘吹进士兵眼睛，士兵睁不开眼，什么都看不到；而蒙古大军顺风作战，基本不受影响。高琪损失惨重，为保留剩余将士的性命，

第十五章 胡沙虎传

他被迫逃回胡沙虎营地。

高琪此时深陷绝望。胡沙虎曾宣称,如果战败,高琪将被处死。胡沙虎暴力鲁莽,肯定会说到做到。高琪决定不再屈从胡沙虎。与其被胡沙虎毫无尊严地处死,不如带兵奋力一搏。于是,高琪安排和他一样痛恨胡沙虎的将士组成军队回到驻扎的城市。他率领全副武装的部队占领城市,包围宫殿,活捉胡沙虎并囚禁了他。如果胡沙虎试图反抗,会被就地处死。

高琪的军队到达城门,抓住守卫并缴械。大军进入城里,挥舞着武器大声呼喊。城内开始讶异不已,而后人们都感到非常惊恐。警报迅速传到宫殿。军队很快包围了宫殿,宫门震如雷鸣。高琪的部队很快就破门而入。胡沙虎惊慌失措,逃出宫殿跑进花园,希望能越过花园的高墙逃跑。士兵们紧追不舍。情急之下,胡沙虎跳墙而落,但墙体太高,胡沙虎落地时摔断了腿。他躺在地上无助而痛苦地抽搐。士兵们仍然处于追击的狂野与愤怒中,他们蜂拥而至,举起长矛,刺死了胡沙虎。

高琪带着夙敌的人头赶赴京城,希望将它呈给皇帝,自请朝廷裁决。如他所言,高琪可能因为领兵叛乱、谋杀上级获罪,被判死刑。依据战争法,这种行为令人发指,不可饶恕。

但皇帝内心深处非常高兴。胡沙虎这个倚老卖老、不服管束的老将终于出局。他藐视朝纲、野心勃勃、行为鲁莽，一直令人讨厌而又畏惧。因此，皇帝颁布诏书，宣布胡沙虎罪有应得。不久后，皇帝指派高琪代替胡沙虎统帅全军。

第十六章

出征金国

精彩看点

战争继续——富饶的国家——大入侵——四路大军同时进攻——军队的热情——俘虏——丰厚的战利品——可怕的劫掠——俘虏的基本用途——蒙古军的征服范围——围困燕京——提出协议条件——不同的观点——关于这个问题的讨论——接受条件——同意和平条约——皇帝的不安——磋商——舍弃都城——卫军叛变——再次围攻首都——完颜和抹捻——他们的混乱——提议自杀——绝望中的完颜——完颜自杀——抹捻的计划——妃子们的请求——木华黎洗劫城市——大屠杀——抹捻的命运——宝物——扩张征服——任命丞相

胡沙虎死后,金国皇帝派其他将军努力抵抗成吉思汗的入侵,保护自己的领土。战争持续了几年。在战争期间,成吉思汗成了中国北方的主人,以最鲁莽、最残暴的方式蹂躏着整个国家。这个国家人口密集,富饶繁华。与蒙古人和塔塔尔人不同,中国人以耕种为生,制造工艺精湛的生产工具和手工艺品。中国土地肥沃,到处都是农田、花园、果园和桑树林,生机勃勃的村落和繁华的城镇散落其中。为了保护这片富饶的土地和工业聚集地,中国人在几百年前就筑起了长城。中国是安定、勤勉和爱好和平的民族,而在他们北部的中亚境内,从远古时期就充斥着野蛮、居无定所且肆无忌惮地掠夺的军队,正如成吉思汗麾下的这支。由于缺乏足以有能力的指挥官将游牧部落大规模地组织、联合起来,推倒长城坚固的屏障,数百年来,长城都发挥着重要的保护作用。然而,成吉思汗登上了舞台,攻破了屏障。鲁莽可怕的游牧部落像狂怒的潮水一样涌入长城内。1214年,胡沙虎被杀的第二年,为了侵略金国,成吉思汗组织了一支庞大的军队,分成四路从不同路线进入金国,蹂躏这个国家的不同地区。每一路军队都非常强大。四路大规模的敌军鲁莽残忍地同时侵入,金国的整片土地都充斥着恐惧和焦虑。

金国皇帝派出手下最精良的部队守卫大山隘口、桥梁和河流关口,希望可以遏止侵略狂潮,但一切都是徒劳。成吉思汗大规模地使用之前在金国获得的战利品组建、装备他的军队,并用即将获得的战利品对部下做了庄重的许诺和激扬的演讲。因此,蒙古军队充满热情。他们狂热地向前行进,想把眼前所见的一切劫掠一空。

为了御敌,金国皇帝下令,无论在乡村还是野外,凡是拿得动武器的男丁都要去最近的大城市或要塞,登记入伍,准备战斗。因此,当蒙古军进入中国领地时,发现村镇中只剩妇女、儿童和体弱多病的老人。蒙古军将最美丽优秀的女人和年长的孩子抓起来当作奴隶,跟随行军继续前进;还将能找到的所有金银、丝绸和值钱的物品洗劫一空,作为战利品分发;还掳掠大量牛羊,组成庞大的牧群赶回蒙古,剩余的牛羊屠宰供应军需。

第十六章 出征金国

侵略者习惯在洗劫城镇及近郊后带走所有有用的物品,然后烧毁城镇,继续前行。只留下烟雾缭绕的废墟和大难未死的人民在废墟中绝望地徘徊。

蒙古军以最卑鄙而残忍的方式利用带走的囚犯。行军到达防守森严的城镇,驻防军队或武装力量准备抵抗时,蒙古军就将无助的俘虏推向战场前线。城墙上的士兵要想用弓箭击中野蛮的侵略者,难以避免地会杀死自己的妻子和孩子。官员无论如何都会下令放箭,但听到妇女儿童的凄惨哭喊,士兵们不忍攻击。因此,士兵们拒绝服从命令。蒙古军借着守城将士间的嫌隙与混乱,轻而易举占领城市。

中国有两条大河,都自西向东流淌。两河之间的距离以及两河与边境之间的距离,将中国疆域分成几乎相等的三部分。北边的这条河是黄河,蒙古人两年征战期间,几乎占领了黄河以北的整片地区,成了那里的主人。也就是说,蒙古人占领了中国约三分之一的领土。不过,蒙古军发现也有一些壁垒森严的城市很难攻克。

这些城市中,就有皇城燕京。燕京守卫森严,蒙军一度不敢冒险进攻。最后成吉思汗集中了大量兵力来此亲征。皇帝及其官员大为警惕,预计蒙军会马上攻城。成吉思汗犹豫不决。一些将军敦促他攀墙而入,强行入城，但成吉思汗认为，采取其他的方法更有政治意义。

成吉思汗派人入城，带着和平的提议与皇帝交涉。成吉思汗在提议中表示，他不想破坏这座城市，但为了安抚叫嚣着要攻城抢劫的愤怒的士兵，最好给他们一批可观的礼物。如果皇帝同意这些条件，满足自己的将士，成吉思汗就会退兵，放过这座城市。

金国皇帝和他的谋臣对这一提议感到费解。谋臣们就如何回应这个提议各持己见。有人主张立即回绝。有一位不满于简单回绝的将军建议，为表示收到提议的愤慨与怨恨，应该让守卫部队出城攻打蒙古军营。

不过也有一些大臣怂恿皇帝屈从于目前的形势，与征服者签订和平协议。主和的大臣说，冲出城门攻击蒙古军营的主意太过孤注一掷，目前不宜实施；留在城内等待，靠自己抵御敌人，又会将自己置于危险的境地，没有任何反制的希望，因为一旦防御失败，一切都将彻底覆灭。另外，即使成功击退敌人，也只是暂时缓解危局。蒙古军很快会带着更多兵力杀回来，他们会更加愤怒和亢奋。此外，守军也会不满于现状，心生沮丧，防守会变得很脆弱。守军远离家乡，所有的期望就是解职回家，看看家里妻儿老小的情况。

皇帝最终听从了求和的建议，遣专人到成吉思汗营

第十六章 出征金国

地商谈和平条件。成吉思汗开出的条件非常苛刻，但皇帝不得不屈从。其中有一条，将金朝公主，已故皇帝完颜永济的女儿送给成吉思汗，成为他众多妻子中的一个；还要送给他五百童男、五百童女作为奴隶；此外还要三千匹良马、大批丝绸、大量钱币。条件得到满足后，成吉思汗向军中诸将士分发了奴仆和战利品，之后停止围城，向北撤去。

至于士兵在各个乡镇掳掠的奴隶，也就是上面提到的那些妇女儿童，蒙古兵带走了年龄够大、适合做奴隶的俘虏。他们认为年龄较小的儿童只会成为行军路上的障碍，杀掉了。

蒙古军撤走之后，皇帝丝毫没有感到轻松。这种四处抢劫的敌人，拿到赎金离开，很容易找借口再次回来。皇帝感觉自己并不安全。蒙古军撤走不久，皇帝向大臣提议迁都，将都城迁至黄河南岸位于河南省的一个大城市。有些大臣强烈反对，他们认为以迁都的方式撤出北方，帝国北方地域的领土将无可挽回。成吉思汗很快就会彻底占领整个北方地区。正确的做法不是迁都，而是坚决捍卫都城、捍卫国家领土。朝廷必须征募新兵，修复防御工事，招募驻军防守，储备粮草和其他军用物资，准备有力、有效的抵抗，以防敌军再犯。

但皇帝主意已定，难以说服。他说，国库枯竭，军心涣散，京城周围的城市均遭毁坏；由于蒙古军的蹂躏，整个国家人丁稀少，很难征到数量可观的士兵；对政府唯一安全的举措就是南迁至黄河南岸。不过皇帝还说，他会留下一位皇子戍守京城，指挥强大的守军。

金国皇帝带着亲随和一小队兵马启程。大家普遍认为皇帝南迁是卑鄙可耻的逃跑行为，这一行程也使皇帝陷入了无穷无尽的麻烦中。皇帝的卫队在途中叛变。一位领导叛军的将军派人送信给成吉思汗，告诉他皇帝放弃了都城，如果成吉思汗愿意接受，他将率领手下全部将士加入蒙古军，为成吉思汗服务。

成吉思汗得知皇帝撤离首都，非常震怒，或者说是假装震怒。他认为这是对自己的敌对行为，是对条约的违背，也是再次宣战的行为。他立即命令手下一位部落首领、大将军木华黎，率大军向南挺进，再次围攻燕京。

金朝皇帝顿时失了神，深陷绝望与恐惧中。由于儿子留在燕京驻守指挥，他还担忧儿子的安危。他立即派人送信给皇子，让他离开京城与自己会合。皇子依令离开都城，使都城更加阴云密布，激起大家对皇帝的更多不满。

皇子临行时留下两名将军指挥卫戍部队，他们分别

金国女真武士

是完颜和抹捻。完颜和抹捻在蒙古军迅速逼近时临危受命，抵御木华黎指挥下的蒙古军队，保卫都城。然而，可使用的防御手段严重不足，导致这两位将军陷入非常尴尬、困惑的境地，他们不知该如何行事。

完颜提议自杀，抹捻拒绝。抹捻是军队的主指挥官，他认为自杀是逃避责任的行为，比任何方式都更为可鄙。他说，他的职责是与将士们同生共死，假如不能在战场上保护他们周全，就寻找机会，设法把他们带到安全的地方。

完颜的提议被抹捻拒绝后愤然离开。他回到自己的寓所，给皇帝写了一封急件，解释自己在绝望的处境中根本无法挽救都城；最后称自己无法完成陛下委派的任务，决定以死谢罪。他封好急件，召集所有仆从，冷静沉着地将自己的个人物品分发给他们，向他们告别后遣散了众人。

最后只剩一位军官和完颜在一起。完颜当着军官的面写下寥寥数语，将军官支走。军官走后不久，完颜就喝下一杯毒酒；几分钟后，成了一具尸体。

与此同时，另一位将军抹捻正准备离开这座城市。他计划带走可以继续服务皇帝的军队，把宫人和城内居民留下，让他们听天由命。这些宫人多是皇帝的妃子。

第十六章 出征金国

皇帝逃跑时只带走了最宠爱的几位,留下了其他的。这些女人听说抹捻要弃城南下与皇帝会合,全都到他那里,请求抹捻带她们一起走。

为了脱身,抹捻答应了她们。不过他还说,他必须和守卫先离开都城,在前面开路,然后立即回来接她们。宫妃们对这个承诺心满意足,回到宫中准备行程。抹捻走后不久,木华黎就率军到达都城。他轻而易举进入城内,几乎没有遇到任何抵抗。城内恐怖、混乱的局面随之而来。蒙古兵丁在城中四处巡查,掠夺财物,见人就杀。他们洗劫了宫殿,然后将它付之一炬。这座建筑辉煌宏大,里面绫罗珍宝众多,侵略者将所见之物洗劫一空后,大火仍然在废墟中持续了一个多月。

那些被抹捻残忍欺骗的不幸的女人们最终结局如何,我们不得而知。毫无疑问,她们一定和城内其他居民一样,死于大屠杀的浪潮中。此时的蒙古士兵正忙于洗劫和掠夺整座城市,一直处于由疯狂的愤怒激起的兴奋状态,享受着将长枪刺入路人的野蛮的快乐。

抹捻到达皇帝驻所后为自己辩解,说放弃这些女人,让她们听天由命是因为无法挽救她们。他说如果带着这些女人,行动会受到阻碍,军队可能无法有效撤退。皇帝接受了这个说辞,似乎对这个说法表示满意。然而,不久后，抹捻就受到阴谋反对皇帝的指控，被处死了。

木华黎占领国库，发现了大批丝绸、金银器皿等贵重物品。他把这些东西全都送给了成吉思汗。此时，成吉思汗仍然在他庞大的塔塔尔驻营坐镇。

此后，成吉思汗在金国还进行了其他战役。他的征服范围拓展到了南方，掌控了这个国家大部分区域。确立了对所有区域的控制后，成吉思汗从投靠的金国官员中挑选适合的人员，任命为各行省的丞相，纳入自己的统治。这些官员将对皇帝的忠诚转向了成吉思汗，并与成吉思汗立下契约，每年向他进贡。这一地区安定下来之后，成吉思汗的目光转向了帝国西部的疆域，也就是塔塔尔和蒙古的领土与土耳其斯坦和穆罕默德的领地接壤的地方。

第十七章

苏丹穆罕默德其人

精彩看点

西方伊斯兰国家——苏丹穆罕默德——花剌子模——提议派遣使节——马哈木和随从——使节讲话——父子之称——苏丹穆罕默德不满——私人会晤——交谈——苏丹穆罕默德愤怒——马哈木委婉回复——苏丹穆罕默德让步——签订条约——成吉思汗非常满意——开放贸易——商人漫天要价——惩罚商人——另一队商人——巧妙经营——成吉思汗组建商队——使节——伊斯兰教徒——朝廷信使——大型聚会——沿途保卫——巴格达哈里发——苏丹穆罕默德的要求和哈里发的答复——苏丹穆罕默德召开会议——苏丹穆罕默德复仇计划——出兵——战败——哈里发的计划——反对哈里发意见——哈里发争辩——给成吉思汗的信——巧妙策略——成吉思汗回复——商队抵达讹答剌——总督背叛——大屠杀——成吉思汗听到消息——宣战——准备

上一章中，成吉思汗征服的中国领土是金国国土。成吉思汗原来统治的广袤疆土加上这部分领土，使得他的帝国疆域非常庞大。此时，成吉思汗统治的地域包括他直接统治下的领土和附属的行省与王国，从南到北贯穿整个亚洲内陆，东起日本海岸和中国海域，西至里海，横跨近三千英里。

帝国西部边境之外是土耳其斯坦和其他伊斯兰国家。在这些伊斯兰国王中有一位苏丹穆罕默德，是个实力强大的君主。他统治着里海附近的广阔地域，主要权力中心是名为花剌子模的国家。因此，他也被称为花剌子模的穆罕默德。

可以预料的是，成吉思汗征服了亚洲东部的所有竞争对手，有了实力强大而安全的统治，就想找到借口向苏丹穆罕默德宣战，希望一举征服他的领土，将里海沿岸的国家纳入自己的帝国版图。然而，这次他采取了不同的策略。

是因为厌倦战争，期待休养生息，还是因为花剌子模太过遥远，还是因为花剌子模实力太强不宜贸然出击，原因不得而知。总之，他决定派出使节而不是军队，前往花剌子模向苏丹穆罕默德提议结盟。

1217年，成吉思汗派使节前往花剌子模。使团的负责人是马哈木。

在大批侍从和护卫的陪同下，马哈木奉命出使。耗时数周抵达花剌子模。使团抵达花剌子模不久后受到苏丹穆罕默德的接见。马哈木在蒙古书记官的陪同下，向苏丹王室和朝臣发表了讲话。

马哈木的讲话提及他的君主——成吉思汗近来取得的胜利，以及由此获得的巨大扩张成就。马哈木说，成吉思汗现在已经成为中亚所有国家的统治者，统治的帝国从大陆最东端一直到花剌子模边境，与花剌子模毗邻。成吉思汗渴望与苏丹穆罕默德缔结友好联盟，此举显然符合双方共同的利益。因此，成吉思汗派使节来花剌子模朝廷，提议结盟。马哈木还说，成吉思汗出于最诚挚的善意邀请苏丹穆罕默德结盟。成吉思汗希望苏丹穆罕默德能把他视为父亲，他也会把苏丹穆罕默德视为儿子。

根据当时盛行的父权制观念，父子关系不仅指老人与年轻人之间的情感联系，还暗含地位与权威、依赖与服从

第十七章 苏丹穆罕默德其人

的关系。或许成吉思汗此时已经年迈,仅仅指自己和苏丹穆罕默德年龄上的差距,并没有其他意思。但无论如何,苏丹穆罕默德最初对使节的这个提议非常不满。

不过,直到公开接见结束,苏丹穆罕默德都没有说一句话,只是安静地听着马哈木讲话。接见结束后,苏丹穆罕默德带马哈木单独来到另一处地方,安静地与马哈木交谈。苏丹穆罕默德先让马哈木告诉他所有成吉思汗取得的胜利的具体情况。为了安抚、诱使马哈木说出实情,苏丹穆罕默德送了他一条昂贵的围巾,围巾上点缀着奢华的珠宝。

苏丹穆罕默德说:"怎么样?成吉思汗果真征服了一切?他的帝国是否像他说的那样辽阔、强大?告诉我实话。"

马哈木回答道:"我告诉陛下的全是事实,主人真的就像我描述的那般强大。陛下,如果他找您麻烦的话,您很快就会了解。"

马哈木轻蔑而放肆的回复激怒了原本就不快的苏丹穆罕默德。苏丹穆罕默德非常生气,极其愤怒地回答马哈木:

"我不知道你的主人给我送来这样的消息是什么意思。告诉我他征服的地域,吹嘘他的权力。他凭什么说比我伟大,希望我尊称他为父亲,还要我心甘情愿地当他的儿子。他就如此了不起吗?"

马哈木意识到自己的表述过于直白,立即缓和语气,解释自己的意思,并且恭维苏丹穆罕默德。马哈木非常清楚,尽管成吉思汗的帝国在近期内得到了大幅度的扩张,但苏丹穆罕默德的权力和荣耀真的高于成吉思汗。马哈木还恳请苏丹穆罕默德不要因自己受托转述的言语生气,他只是一个仆人,必须服从主人的命令。还向苏丹穆罕默德保证,就算成吉思汗的言辞可能令人不快,那也绝非他的本意。皇帝派遣使节,以及与出使相关的所有事宜,都是怀着极为友好、极为可敬的目的。

马哈木的和颜悦语终于安抚了苏丹穆罕默德。最后苏丹穆罕默德同意了使节的所有提议,签订了和平贸易条约。事情悉数办妥,马哈木满载礼物回到蒙古——有些送给他和侍从,有些送给成吉思汗。

作为签约的成果,有一只商队与马哈木同行。商人们带着各自的货物去成吉思汗的国家,看看能在对他们开放的新市场做些什么。商队为了获得保护与马哈木结伴同行。马哈木的护卫队可以保障他们穿越沿途的国家。沿途到处是塔塔尔部落,他们不遵守法律规约。如果没有护卫,满载商品的商队想通过这些地方会非常不安全。

成吉思汗对使节出使的成果非常满意,也很喜欢苏丹穆罕默德送给他的礼物。这些礼物包括昂贵的服装布料、精美的武器、漂亮的宝石等各类物品。成吉思汗也欢迎商

第十七章 苏丹穆罕默德其人

人,他开放场地设施,准许商人在全国各地自由贸易。

为确保今后商队能够安全往返,成吉思汗在蒙古与花剌子模家边境各路派驻了守军。守军占据堡垒要塞,这些堡垒都修筑在沿途交通便捷的地方,特别是河流交汇处和大山隘口。守军奉命在各自负责的区域搜索巡逻,杜绝发生抢劫事件。如果发现成群的劫匪,守卫士兵会展开追捕,不放过任何一处可以藏匿的地方,直到将劫匪连根铲除。如此一来,过了不久,全国各地就十分安全,商队可以自由往来,随行货物充裕;即使带着金银财宝,也无需担惊受怕。

有些伊斯兰国家的商人起初定价过高。有这样一个故事:通商条约签订后不久,有一队商人把带来的商品呈给成吉思汗本人,报价连成吉思汗都惊讶不已。

成吉思汗说:"你们这样要价,是以为我从来没有买过东西吗?"

成吉思汗给这些商人看他的财宝。一千多个大箱子,里面满是贵重物品,形形色色、琳琅满目。有金银器皿、丰富的丝织品,还有镶嵌着精美宝石的武器和装饰品及其他物品。成吉思汗告诉商人,给他们看这些东西是希望他们明白,他有商品交易的经验,知道它们的合理价格。既然伊斯兰商人漫天要价,把购买者当成无知的傻瓜,成吉思汗要把这些人和他们的货品全部退回。不惜一切代价禁止他们在蒙古境内做任何贸易。

成吉思汗说到做到。商人们被遣返,什么都没卖出去。

另有一队商人,听说前人的经历后,决定遵循不同的准则行事。这些商人带着各自的商品来见成吉思汗。当成吉思汗问到其中一些商品的价格时,他们回答说让陛下自己定价,因为陛下比他们更擅长判断商品的价值。他们还说,即使陛下分文不付,也可以随意挑选货物,他们非常欢迎。

听到这样的回答,成吉思汗非常高兴。他从货物里挑选了一些商品,付了双倍的价钱;还赋予这些商人特权,允许他们在领地内与臣民贸易。

然而,两国间的商贸往来并不完全依托花剌子模商人进行。上文提及的商队到来不久,成吉思汗也组建了自己的商队。这个商队将带着蒙古的物产进入苏丹穆罕默德的领地,希望能在那里找到市场。商队有四位主要负责人,另有大量助手、仆人、驼夫等随行。整个商队规模相当庞大。成吉思汗派出三名使节,再次向苏丹穆罕默德展示自己的友好,希望能鼓励并促进两国间的友好商业往来。

成吉思汗选了三名伊斯兰教徒作为使节。他的朝廷上有几位信仰伊斯兰教的官员。尽管蒙古有自己的国教,与伊斯兰教截然不同,但成吉思汗的领地包容各种宗教,接纳各种信仰。成吉思汗常常委任优秀的官员,无论其宗教信仰,只

第十七章 苏丹穆罕默德其人

需要人尽其才。但此次派往花剌子模的使团,成吉思汗要在伊斯兰教官员中挑选。他认为苏丹穆罕默德会乐于收到有共同信仰的人传递的信息。此外,这三位使节都是土耳其斯坦人,他们非常熟悉即将出使的国家和他们的语言。

除了商人和使节,成吉思汗还允许他的妻子们以及朝廷贵族派仆人或信使与商队同行,在到访的各个伊斯兰城市为他们的主人挑选、购买稀奇或实用的物品。贵族和夫人们都非常乐意利用这个机会。

这些使节及其随员、商人及其仆人、朝廷贵族和夫人派出的特别使者等,组成了一支庞大的队伍。据说准备出发时至少有四百五十人。

一切准备就绪,商队开启了长途旅程。成吉思汗为他们配备了护卫队随行,保障大批商品和商队成员的安全;还提前传令沿途驻地,让驻地军官在各自路段加倍警戒,确保商队安全通行。

商队在这样的保护下顺利地结束了旅程,没有遭受任何损失,安全抵达伊斯兰国家。不过,商队刚到达目的地就遭遇了非常严重的灾难。我为大家简要回顾下当时发生的一系列事件。

巴格达哈里发是伊斯兰教的首脑人物,他与苏丹穆罕默德纷争已久。苏丹穆罕默德向哈里发申请授予特权。那是对伊斯兰帝国具有卓越贡献的苏丹才会拥有的特权。苏丹穆罕默德声称，就功劳而言，自己应该获得这些奖励。他说，他曾征服一百多位首领和酋长，砍下他们的头颅，吞并他们的领土，从而极大地提升、拓展了伊斯兰的势力。

苏丹穆罕默德派出使节出使巴格达，向哈里发提出了上述请求。哈里发听了使节陈请后表示了拒绝。他说苏丹穆罕默德的贡献在重要性和价值上都不足以享有他要求的荣誉和特权。不过，哈里发虽然拒绝了请求，但还是表达了对苏丹穆罕默德的尊重，派出使者随苏丹穆罕默德的使节一同返回，并叮嘱使节一定要以尊敬、礼貌的方式将意见传达给苏丹穆罕默德本人。

苏丹穆罕默德非常尊重地接待了哈里发的使者。哈里发的答复令他非常愤怒，但他并没有当场表露。使者离开后，穆罕默德立即召集大会，号召辖下所有大酋长、将军和大臣全部参加。苏丹穆罕默德宣布了组建军队出兵巴格达、推翻哈里发并取而代之的决定。与会的大人物很乐意参与苏丹穆罕默德的计划。这些大人物知道，如果计划成功，他们会获得许多荣誉，分得大量战利品。因此，他们极其热心地协助苏丹穆罕默德组建、装备军队。组建远征军的任务如期完成，苏丹穆罕默德也开始着手准备开拔。然而，如平常一样，种种延误影响了准备的进程，大军直

第十七章 苏丹穆罕默德其人

到季末才正式开拔。部队行军缓慢,行至山隘时已是隆冬季节。冬季天气异常寒冷,士兵们在严寒和冰雨中无处躲避。苏丹穆罕默德认为不能继续前进,决定折返回国,重新来过。糟糕的是,哈里发察觉了苏丹穆罕默德的阴谋,能够在春天之前采取有效措施做好自我防御。

哈里发得知苏丹穆罕默德的军队遭遇意外,自己侥幸逃过苏丹穆罕默德大军的入侵,欣喜若狂,立即决定向背叛他的苏丹穆罕默德开战。制定作战计划时哈里发心生一计,试图煽动成吉思汗从东部入侵,他可以从西部出击。正好哈里发的首府巴格达位于花剌子模西部,蒙古帝国在花剌子模东部。

当哈里发向谋臣提出他的计划时,有人强烈反对。苏丹穆罕默德和他的国民与哈里发本人一样,都是伊斯兰教徒;而蒙古人则完全信奉另一种宗教。伊斯兰教徒将不信奉伊斯兰教的人称为不信教者或异教徒。反对哈里发提议的大臣表示,为防范眼前临时的危险将安拉的敌人带入有宗教信仰的国度,是不分是非的行为,最后可能会既毁了宗教,又亡了国家。他们认为带一群野蛮的异教徒向自己的同胞开战是对自己宗教的亵渎。

哈里发回复道,在关键时刻,可以利用一切手段拯救自己,避免自己遭受毁灭的威胁。至于成吉思汗,作为盟友入境后是否会动用武力对抗自己，自己必须持续关注，采取措施，防范危险。另外，哈里发宁愿要一个成吉思汗那样公开的异教徒作为敌人，也不愿接受苏丹穆罕默德那样的伊斯兰反叛者。哈里发补充道，他不相信蒙古皇帝对伊斯兰教徒和伊斯兰信仰有任何仇恨或恶意。事实的确如此，蒙古领土上有众多伊斯兰教徒，成吉思汗允许他们在那里居住且不被骚扰，甚至还有职位很高的伊斯兰教官员在朝中供职。

最终，哈里发决定送信给成吉思汗，邀请他与自己结盟，向苏丹穆罕默德开战。

如何带信件穿越苏丹穆罕默德的领地也是个问题。苏丹穆罕默德的领地位于哈里发与成吉思汗的领地之间。为此，哈里发采用了一个非常独特的方法。他没有把信写在信纸上，而是将文字刺在信使的头皮上，藏在头发里。信使伪装成乡下人前往蒙古，顺利到达成吉思汗领地。成吉思汗只需下令剃掉信使的头发，就可以清晰地看到哈里发的提议。

用这个方法通信非常安全。即使信使在途中遭遇种种意外，受到怀疑被拦截，苏丹穆罕默德的人也发现不了什么。即便因为怀疑搜信使的身，也不可能想到在头发里查找信件。

收到哈里发的提议，成吉思汗非常高兴。但成吉思汗回信称，由于与苏丹穆罕默德签订过贸易协议，目前不能

第十七章 苏丹穆罕默德其人

参与任何反对苏丹穆罕默德的活动。只要苏丹穆罕默德遵守条约规定，他就有义务遵守，不会违反条约。成吉思汗还补充道，他知道苏丹穆罕默德不安分的精神难以长久地维持现状，他可以在苏丹穆罕默德不安分的时候再加入计划，找机会向苏丹穆罕默德宣战。

当时恰逢成吉思汗派来的大商队和使节到达苏丹穆罕默德领土边境。

成吉思汗的商队过境后的第一个重要站点是一个叫讹答剌的城市。整个商队受到了讹答剌城总督的盛情款待。商队一行人非常高兴能有机会缓解长途旅行的疲惫。然而，总督的友好热情似乎都是假象。他立即写信给苏丹穆罕默德，说一群蒙古人扮作商人和使节来到讹答剌。但这些蒙古人对守军兵力和国家防御状况极为好奇，因此总督认为这些人是探子。总督还说，这些人一定是成吉思汗派来的密使，他们在寻找入侵花剌子模的最佳途径。

有一种说法是，有一位使节用熟悉的方式与总督沟通，让总督感到了冒犯，导致总督向苏丹穆罕默德告状。这位使节是土生土长的讹答剌人，在总督还未就任的时候就知道他。另一种说法是总督想破坏这次贸易，独吞商人和使节丰厚的商品和贵重的礼物。

无论如何，总督将整个商队当作外国密使和探子向苏丹穆罕默德告发。不久，苏丹穆罕默德回复总督，命令总督把商队的人全部处死，或自行处置。总督邀请商队的所有人去自己的官邸参加盛大的宴会，趁着多数人酒后行动不便发出信号，一群卫兵冲进来杀了所有人。

确切地说，总督打算杀掉所有人，但有个商人在混乱中逃出来，成功逃回蒙古，向成吉思汗禀告了事情的始末。

成吉思汗闻言后暴怒。他立即将他的儿子、朝中全部贵族和首领召集起来，讲述了商队惨遭屠杀的始末。大家怒火中烧。这件事激起了所有人复仇的渴望。

成吉思汗立即派人送信给苏丹穆罕默德。成吉思汗说，苏丹穆罕默德用如此卑鄙的行为违反彼此间的约定，从此成吉思汗与苏丹穆罕默德就是死敌。成吉思汗一定要报复苏丹穆罕默德的背叛和残忍，发誓用火把与刀剑摧毁苏丹穆罕默德的国家。

据说成吉思汗派三位使者送信。依据国际原则，使者理应备受尊重。但是苏丹穆罕默德收到消息后，将这三人都杀了。

新的屠杀激起了成吉思汗新一轮的暴怒。据说他有三天时间不吃不眠，烦恼、悲伤、愤怒交织在一起，令他几近发狂。之后，成吉思汗准备征讨，忙于组建军队，不分昼夜；直到一切准备就绪，成吉思汗才停下休息。

第十八章

西征花剌子模

精彩看点

集结军队——武器和盔甲——战时条例——开始行军——术赤部队——苏丹穆罕默德的准备——苏丹穆罕默德的军队——苏丹穆罕默德的计划——苏丹穆罕默德追上术赤——将军们的意见——术赤不愿听从建议——术赤的决定——战争开始——两败俱伤——术赤撤退——父亲接待——蒙古军胜利——苏丹穆罕默德的计划——飞驰的骑兵——成吉思汗

成吉思汗准备发动一场大规模战争。他派出信使，给他的每个儿子、帝国的所有可汗、总督和其他所有首领送信。成吉思汗在信中阐释了发动战争的原因，并命令所有人召集全部军队到指定地点集合。

成吉思汗对盔甲和武器装备做了详细规定。武器需要佩刀、弓、装满箭矢的箭筒和战斧等。每个士兵还需携带一根绳子。对生活在马背上和帐篷里的民族来说，绳索一直是他们的必需品。

军官需要穿着盔甲并且佩戴武器。如果财力允许，就打造全套铠甲并全副武装；否则只戴头盔、穿护甲。战马的护甲可以是铁制的或者皮制的，皮质护甲必须足够厚且结实，以防被箭射穿。

据说，召集的军队到指定地点集合后，成吉思汗发现自己拥有七十万大军。

成吉思汗

　　成吉思汗在军队全部集结完毕后颁布了一些规章制度，也可以说是战争条例。其中有一条规定，无论战况有多危险，任何队伍不得不战而退。他还下令，团体作战中，各集体有下属单位，如万户下有千户，千户下有百户，如果团体中的下属单位没有收到撤退的命令自行逃散，团体中的其他部分可以暂停对敌作战，但是要追击自己的溃逃分队，就地处决。

　　成吉思汗担心自己战死沙场，还事先做好安排，提前正式规定，一旦这种情况真的发生，帝国的所有可汗、首领需要聚集在一起，在所有人和成吉思汗的儿子们面前宣读他制定的帝国宪法法典，并依据宪法规定的形式选举新的大汗。

　　成吉思汗安排完所有事项后下令开始行军。他把军队分成了若干分队，每个分队按照不同路线行进，穿越国内不同的地区。由于行军中粮草物资需求巨大，无论是人还是马都无法携带超过几天的粮食，粮草主要靠沿途国家提供，因此大军整体不可以同步前进。

　　成吉思汗把最大的一支部队交由术赤指挥。这个儿子在成吉思汗向最高权力迈进的一系列战争中表现得非常突出。

　　成吉思汗命令术赤带军穿越土耳其斯坦。土耳其斯

第十八章 西征花剌子模

坦是屈出律寻求庇护的地方,他现在依然在那里。从某种程度上来说,土耳其斯坦对成吉思汗并不友好。成吉思汗本人带着主力部队,取道更南部的路线直奔苏丹穆罕默德的领地。

同时,苏丹穆罕默德并没有坐以待毙。他召集了所有军力,集合后有四十万人马。虽然军队规模比成吉思汗的要小很多,但也是一支大军。

苏丹穆罕默德领军迎战。前进一段距离后,苏丹穆罕默德得知术赤的军队已穿过土耳其斯坦,在他的北方。苏丹穆罕默德发现如果向北行进,有希望在术赤与蒙古军主力部队汇合前将术赤一举消灭。于是苏丹穆罕默德立即调整了计划。

苏丹穆罕默德改变行程,向术赤所在的方向前进。他们到了一个地方,侦察兵在河边发现许多尸体,其中有一个人没有死,他告诉侦察兵,术赤军队经过这里时杀了所有人。苏丹穆罕默德听说后继续向北推进,很快就赶上了术赤。术赤正在急行要与成吉思汗会合。

术赤和将军们商量此时的最佳对策,将军们建议术赤避免交战。

将军们说:"我们的军力不够强大,不能单独对付苏丹穆罕默德的整个大军,最好还是避开对方,有秩序地撤退，在与敌遭遇交战之前加入主力部队；如果苏丹穆罕默德一路尾随尝试打击，他就无法集结他的所有军队，必然要分散来袭，我们可以逐个消灭，这比大规模攻击更有效。"

术赤不愿采纳这个建议。

术赤说："我的父亲和弟弟们会怎么想？不战而逃也不符合父亲的命令。不行，我们必须坚守阵地，依靠我们的勇气，尽力而为。如果一定要死，我们也要战死沙场，不是临阵脱逃。你们警告我可能面对的危险，已是尽职，现在是我尽职的时候了。"

于是，术赤下令军队停止前进，按战斗次序集结。

战斗很快打响，持续了一整天。蒙古军虽然人数少，但在纪律和勇气上均胜过苏丹穆罕默德的部队。虽然战斗还没有取得决定性胜利，但蒙古军优势非常明显。夜幕降临时，苏丹穆罕默德的军队人心溃散，士兵们皆有退意，军官竭尽全力才说服他们坚守到夜色降临、冲突结束。混战到最后，双方已经分不清敌我，两军终于撤回各自营地，燃起灯火。

术赤认为，他在白天的战斗中已按照父亲的要求，为荣誉而战；现在，为避免天亮后再次冒险作战，撤退是最谨慎的选择。他在营火上添了足够的燃料迷惑敌人，

第十八章 西征花剌子模

趁着夜色带领所有将士离开营地。第二天清早，当苏丹穆罕默德的军队重新武装准备战斗时，术赤已经走出了他们的追击范围，走向他的父亲的队伍。

术赤很快与父亲再次会合，并受到了成吉思汗的热烈欢迎。成吉思汗非常满意术赤对整个事件的处理，授予术赤很多荣誉和奖励。

后来，两军之间还发生了另外一些战争。在其中一场战争中，出现了一个十五英尺长的大喇叭。大喇叭与其他军乐器一起，激发士兵们的冲锋热情。

蒙古人取得了这些战争的胜利。苏丹穆罕默德一直率军在努力抵抗，直到发现自己损失了十六万士兵，几乎是他一半的兵力。兵力损耗削弱了苏丹穆罕默德的实力。苏丹穆罕默德认为在开阔地与蒙古军作战毫无优势，于是把部队编制成小分队，派驻到不同的城邑和堡垒，命令各分队在情况好转之前关起城门，尽量自我防御。

然而，苏丹穆罕默德本人并没有寻求庇护。他挑选部队中最机敏、最善骑行的士兵组成一支骑兵团。有了这支骑兵团，苏丹穆罕默德就可以在全国各地迅速转移，随时去往最需要帮助的地方。

成吉思汗准备进攻苏丹穆罕默德各个分遣队坚守的城市。他首先想要占领的是讹答剌城，他的使节和商人们被屠杀的地方。讹答剌城不是个大城市，因此成吉思汗没有亲自前往，而是把这个任务交给了两个小儿子，指派他们带领一支规模适中的分遣队前去攻打。成吉思汗自己带着主力部队向撒马尔罕和不花剌城进军。这两座城市是苏丹穆罕默德领地核心的大城市。

第 十九章

连续破城

精彩看点

不花剌城——扎尔努克——立刻投降——乌尔城——乌尔城的命运——开始围攻不花剌——苏丹穆罕默德的焦虑——截获的信件——逃兵——占领外墙——守军大突围——撤出城市——追击——追上逃亡者——投降——约定条件——堡垒总督——成吉思汗入城——交出贵重物品——清真寺的皇帝——亵渎清真寺——成吉思汗发表演讲——居民交出一切——冲突——堡垒投降——城市彻底毁灭——占领讹答剌的消息——讹答剌的防御计划——出口——向成吉思汗提议——重新围攻——攻陷外墙——孤注一掷的斗争——哈拉察与总督——叛国——背叛的惩罚——蒙古军入城——堡垒掀起风暴——总督孤注一掷——英勇、忠贞的总督妻子——总督的命运不花剌是一座美丽的大城市，坐落在美丽富饶的中部地区，位置便利，适宜发展商业和贸易，也是学术、艺术和科学的殿堂。在不花剌有许多学府，教授和培养艺术、科学方面的人才，西亚各地的学生都慕名而来。城市的本城由一道坚固的城墙包围；外墙周长三十英里，环绕着城市的郊区；漂亮的花园和公园构成公共娱乐场所和富人的别墅聚居地。这座安静祥和的工业和财富之都，即将沦为成吉思汗和他那群残忍、野蛮的将士洗劫和掠夺的目标。此刻他们正奔涌而来。

蒙古军进军不花剌进入的第一座城市是扎尔努克城。接近扎尔努克的时候，蒙古军的一支大军骑马奔向城墙，发出惊天骇人的喊叫。城里的人们惊恐地关上城门。成吉思汗派军官告诉城里的居民，抵抗毫无作用，劝他们立刻投降，摧毁堡垒，送出年轻有能力的人。军官也劝城里的居民送礼物给成吉思汗，作为安抚成吉思汗的额外方式，诱使他赦免这座城市。

居民接受建议，打开城门。所有能够拿起武器的年轻人都被召集起来，押往蒙古军营。年长的居民与年轻人一起，带着城里最好的东西，作为礼物送给成吉思汗。成吉思汗接受了礼物，命令这些年轻人加入他的军队，然后和平遣散了年长的人，继续行军。

第二座城市是乌尔城。一名扎尔努克士兵充当向导，带领分遣队抄近道走向乌尔城。乌尔城是一座圣城，城里有很多圣地，是朝圣者和其他信徒常去朝圣的地方。

乌尔人一度关上城门，拒绝投降。但后来他们发现抵抗毫无作用，于是打开城门，放蒙古军入城。由于乌尔城居民竟然想抵抗他，成吉思汗决定惩罚他们。他仅留一些牲畜和其他物资防止乌尔人饿死，剩余的城中财物全部作为战利品分给士兵。

最终，军队到达不花剌所在的大平原，在城市前面安营扎寨。不花剌城占地辽阔，人口众多。从它的外墙测量，外城周长可达三十英里。成吉思汗没有妄想轻而易举地拿下这座城市，他打算围攻。不仅因为这个地方的聚集着大量的财富，是个重要的城市，还因为成吉思汗认为苏丹穆罕默德此时就在城内。成吉思汗听说苏丹

第十九章 连续破城

穆罕默德带着骑兵团,带着他的全部财宝撤退到了城里。

然而,成吉思汗做了错误的估计。苏丹穆罕默德并不在城里。他一开始的确带着他最珍贵的财宝去了那里。但成吉思汗到来之前,苏丹穆罕默德已经偷偷撤到了撒马尔罕。他认为那里更安全。

事实上,苏丹穆罕默德已经开始灰心丧气。很多事情让他心烦意乱,其中包括一些信件。有人发现了一些信件并送到苏丹穆罕默德的手上。那些像是拦截下来的

成吉思汗骑马像

信件。信中讲述了一些军官密谋抛弃他，投奔成吉思汗的事情。这些信没有署名，苏丹穆罕默德无法找到信的主人，但信中披露的阴谋让他的灵魂倍感煎熬。

不过，这个阴谋是假的。这些信是成吉思汗军中的一个人在成吉思汗的默许下写的。这个写信的人是伊斯兰教徒，曾在苏丹穆罕默德手下服役，因为某些所谓的过错，苏丹穆罕默德处死他的父亲和兄弟。他被这一举动激怒，转而投奔了成吉思汗。现在这个人决心全力报复他的前统治者。他对苏丹穆罕默德宫廷和军队有关的人和事都了如指掌，所以这些信完全能够欺骗苏丹穆罕默德。

成吉思汗军队在前一年仲夏围困不花刺，直到第二年春天才成功攻破外墙。不花刺的防御工事非常牢固，防守也非常到位。攻陷外墙后，蒙古人破坏了城市的郊区，毁坏了精心开垦的花园和土地，掠夺了别墅。接着，他们在内城墙周围做好准备，开始围攻城市的本城。

苏丹穆罕默德留下三名最厉害的大将在不花刺坐镇。三位将军决定不等成吉思汗攻城，而是主动打开城门突然猛冲过去，带上能抽调的所有军队，利用战壕攻打围城的士兵。将军们率人在夜间偷袭，完全出乎蒙古军意料。然而，他们还是大败，被赶回城里，损失惨重。

第十九章 连续破城

这似乎是将军们一次孤注一掷的冒险，如果失败，他们就立刻抛下这座城市，任其自生自灭。因此，三位将军的部众从一侧城门被驱进城，立即从另外一侧城门出来。他们希望撤退能够挽救自己和守军的生命，最后再次加入苏丹穆罕默德队伍。将军们带着家人和主要守军军官的家人从城市南端向阿莫尔河的方向撤去。

他们趁夜色漆黑成功离开了这座城市，没有被人发现。然而，第二天早上，一切都藏不住了。成吉思汗派精锐骑兵前去追击。经过大约一天的追赶，骑兵在河边追上了逃跑的守军。可怜的逃亡者无处遁形，残忍的蒙古兵骑马从他们身上踏过，战马的铁蹄踏过他们的身体，骑兵的马刀把他们砍成了碎片，无一幸免。

在骑兵部队追击守军的同时，成吉思汗知道城里再没有军队防御，已经彻底混乱，决定进行最后的大进攻。不过，在成吉思汗的投石机正在准备摧毁城墙时，一支由城内全部治安官、牧师及主要市民组成的队伍从一个城门走了出来。他们将城门钥匙带出来交给成吉思汗，作为投降的标志，并恳求成吉思汗饶过他们的性命。

成吉思汗收下钥匙，告诉市民，只要他们交出藏在城里的士兵和任何疑似支持苏丹穆罕默德的市民，成吉思汗就会饶过他们性命。市民们郑重承诺一定照做。

不过，那些仍然留在城内的士兵并没有被交出去。他们大部分都退到了由城堡总督指挥的城堡，类似于避难所。总督精力充沛、意志坚定，宣称永不投降。

城里许多年轻人和市民中领导者的儿子们也退隐到城堡中，决不向征服者投降。

成吉思汗就这样得到了城门钥匙。他打开城门，指挥军队进城，占领了这座城市。他向市民保证，只要治安官和平地交出公共仓库中的粮食和其他食物，供应军队，士兵就可以饶过民众的性命，不会抢劫他们的家园；凡埋藏或者隐藏金银以及其他财宝者，一律交出财物，或是交代藏匿地点。人们承诺会依令行事。

进城后，成吉思汗带着卫兵在街上骑马巡游，到了一座巨大宏伟的建筑前面。这座建筑的门都很宽，成吉思汗直接骑马入内，军队和其他士兵也随之入内，同时进去的还有几个一直陪着他的治安官。

大家全部进入宫殿后，成吉思汗环顾四周，讥讽地问这是不是苏丹穆罕默德的宫殿。

他们说："不是，这是真主的寓所。"

这座建筑是清真寺。

听到这样的回答，成吉思汗下马，将缰绳交给一个领头的治安官，非常无礼地走向阿訇们常坐的圣地。他

第十九章 连续破城

在那里拿起一本《古兰经》扔到马蹄下面。用类似如此的行为亵渎清真寺一段时间后,遣士兵拿来食物,让他们在这里放肆地大吃大喝,完全不顾及此地的神圣,这种行为激起了城镇民众的愤怒。

几天后,成吉思汗召集了城里全部治安官和主要市民,在专门为他搭建的演讲台上发表了讲话。他从赞美长生天开始,称自己是长生天偏爱的对象。为了证明这一点,他详细述说了自己取得的所有胜利,声称这些都是在长生天的帮助下获得的。然后,成吉思汗谴责苏丹穆罕默德背信弃义的行为。苏丹穆罕默德与他签订了严肃的和平条约,却背信弃义,谋杀商人和使节。成吉思汗说苏丹穆罕默德是一个可恶的暴君,长生天让他除掉所有这样的恶魔。最后,成吉思汗说,只要大家公平、如实地交出所有的钱和财宝,他会保护大家的生命,不许士兵带走他们的财产。如果有人拒绝上交财物,或者拒绝交待宝物的藏匿地点,他会施以酷刑,强迫他们说出真相。

可怜的市民发现自己在这些可怕的游牧部落面前毫无办法,没有打算藏匿任何东西。他们把藏起来的财宝全都拿了出来。如果成吉思汗想要,他们甚至可以把家当全都交给他。市民们只是急于在可能的情况下挽救自己的居所和生命。起初,成吉思汗对这种顺从非常满意。后来,他听说一些士兵被藏在了某处。或许是被城堡长时间的抵抗激怒,借由这些借口,成吉思汗下令将整座城市付之一炬。城里全是木结构的建筑,大火熊熊燃烧,许多居民命丧火海,更多人死于后来的衣食不足。城堡随即投降。我们本以为他会杀掉所有人,但据说他赦免了总督及其士兵的性命。

城堡被毁了,不花剌城和它的所有建筑都变成了冒着青烟的废墟。成吉思汗从居民手中掠夺财产,并分发蒙古将士。这些居民离开了不花剌城,成为流浪者和乞丐在周边国家游荡,在缺衣少食和绝望中死去。

这样一个征服者,除了犯下规模更大的罪行之外,与海盗船长或强盗首领有何区别?

占领不花剌后,成吉思汗收到两个儿子送来的消息,更加心满意足。他派两个儿子围攻讹答剌,他们传信过来,说讹答剌已经攻下。讹答剌的总督,那个背信弃义杀害商人和使节的官员,已经被抓处死了。这个总督是加耶尔可汗。苏丹穆罕默德知道成吉思汗必然会将讹答剌作为首要进攻目标之一,就给总督留下了五万人的军队防御。后来,苏丹穆罕默德又增派了一万士兵,由哈拉察将军指挥。

第十九章 连续破城

总督带着士兵将自己关在城里。他非常清楚，无论是战斗还是投降，他都不可能得到宽恕。因此他继续抵抗，加固防御工事，储备粮草，决心战斗到底。前来帮助他的指挥官没有相同的理由与他一起坚守城市。我们即将看到这两名指挥官间的分歧最终将他们引入困境。

成吉思汗的两位儿子开始了对讹答剌的围攻。他们填埋了外城墙周围的沟渠，打算在那里放置攻城抛石机。年轻将领们的工作与往常一样受到了被围困者的阻挠。被围困的城内的人夜间成群结队，愤怒、绝望地向蒙古军冲来。被围困者被赶回城内之前，能够成功地摧毁一些机器或将它们点燃。持续一段时间后，两位蒙古的年轻首领开始气馁，传话给当时正在围攻不花剌的父亲，说讹答剌守军顽强防守，请求允许把围攻改为封锁，也就是从城墙附近撤退，在城市周围加强防守，禁止任何人出入，直到城里粮食耗尽，守军饥饿投降。两位年轻的首领说，这样可以挽救大量士兵的性命。

但他们的父亲回复道，不能如此行事。必须继续战斗，不惜一切代价杀入城内。

两位年轻首领再次激情饱满地开始作战。他们铆足力气向前推进，不到一个月攻下了外墙，外墙防御工事全部成为废墟。他们接着推倒瞭望塔，摧毁城墙，打开多处缺口，随时可能通过缺口进入城内。守军不得不放弃外墙，退入内城。

蒙古军已经占领了郊区，掠夺了全部有用物品，烧毁、破坏了其他一切，开始进攻内城。在这里，围攻者和守军之间的战斗比以往任何时候都更激烈。防御持续了五个月，守军依托城墙千方百计地防御，不时地冒险袭击敌人，想摧毁蒙古军进攻，消灭他们。

最后，被派去协助保卫讹答剌城的卫兵队长哈拉察认为此时最好停战，向敌军投降。但总督知道，如果自己落入蒙古军手中，只有死路一条，因此不愿听从建议。总督将蒙古军描述成最邪恶的异教徒、上天和人类的敌人，成功激起了城内居民和守城士兵对蒙古军的仇恨。他们决定与他一道，绝不投降。

哈拉察此时发现，由于提出了投降的建议，自己成了居民和守军怀疑的目标、不信任的对象，他感觉很不安全。为了自己和手下一万人的安全，哈拉察决定趁夜间偷偷出城，向两位蒙古首领投降。他认为，投降后带领蒙古军占领出城时的城门，进入城内，蒙古军就会赦免他的性命，他还可能被成吉思汗收为部下，为成吉思汗效力。

但他打错了算盘。年轻的首领们说，一个背叛自己

第十九章 连续破城

同胞的人，一旦有机会也会背叛他们。于是，他们下令将哈拉察及其手下一众军官全部杀掉，将士兵作为奴隶在军中分配。

同时，蒙古军还是占领了哈拉察等人出城的城门，进入城内。总督带着自己能召集到的全部人马逃进堡垒，将自己关在里面，拼死抵抗了一个月；他带领部下奋不顾身地不断骚扰、打击围攻者，但一切都是徒劳。最后，堡垒的城墙被机器攻破。有一天，蒙古军同时从四面八方发起了孤注一掷的全面攻击，经过浴血奋战，强行闯入堡垒，开始无情地屠杀所有能找到的士兵。

士兵们抵抗到了最后一刻。城镇本身很小而堡垒很大，有人躲在狭窄的院子和小巷里，有人躲在屋顶上，拼命抵抗，直至倒在蒙古军箭下。总督坚守阵地，和两个人一起站在宫殿的平台上并肩战斗，拒绝投降。他决心杀死任何想要靠近的敌人。他的妻子就在旁边，竭尽全力鼓励他、支持他。

成吉思汗下令不得杀死总督，必须活捉。他希望能自己亲手处置总督。因此，那些上平台去抓他的士兵都非常小心，不能向他射箭，只能向他身边的人射箭。这样，许多企图接近他们的人，都被总督和两个朋友用箭射死了。

过了一会儿，总督的两个朋友被杀，但总督仍然活着，依然没人能够近身。那些试图靠近他的人都被箭射中，跌落在平台下面的士兵身上。总督的妻子以最快的速度给他供箭。后来，箭用完了，总督的妻子就拿来石头。当攻击者试图爬到总督身边时，总督就把石头扔在他们身上。但最后很多人同时围上来，总督无法全部击退，最终被团团围困、牢牢抓住，立即被戴上了铁镣。

年轻的首领立刻写信给他们的父亲说，城已拿下，总督已成手中的囚犯。他们收到回复，命令他们将总督带到不花剌。在路上，又收到新的命令，要年轻的首领们将犯人处死。他们立即执行了命令。

那位勇敢而忠贞的妻子最终命运如何，无人知晓。

第二十章

继续西征

精彩看点

战争继续——昔格纳黑——哈桑——被谋杀的使节——术赤复仇——术赤的总方针——策略描述——被攻陷的城市——美丽的城市——别纳客忒——占领别纳客忒——掠夺安排——忽毡——帖木儿·灭里——帖木儿的防御准备——投石机和攻城槌——浮动炮台——沼泽——冲突胶着——假装投降——没有石头——建立防波堤——水中骑兵——帖木儿的船——防火罩——火船和桥——桥烧掉了——追击——水中作战——船只搁浅——帖木儿冒险——最终逃脱——总督家人——忽毡投降

攻陷不花剌与讹答剌后，成吉思汗与蒙古军斗志昂扬，持续征战了两年。可怜的苏丹穆罕默德被他们无情地追击，四处逃窜，直到最后彻底失败，下章将描写他的悲惨结局。

在成吉思汗与苏丹穆罕默德持续作战的两年中发生了很多事情。这些事情呈现了当时的战争模式和人民大众经受的苦难。这些苦难源于暴君间的相互争斗，他们在争夺对人民大众的统治特权。

一次，成吉思汗派儿子术赤率领一支大军去围攻一座叫作昔格纳黑的城市。术赤刚到那里就送去一面休战的旗子，号召市民投降。他承诺如果市民投降，就会善待他们。

旗手是一位叫哈桑的伊斯兰教徒。或许术赤认为哈桑是城内居民的同胞，让他去传递消息，市民会更容易接受。但术赤大错特错。城内居民非但没有因为哈桑是伊斯兰同胞而欣然接受术赤的消息,反而怒不可遏,认为他是一个背信弃义的叛徒。尽管总督已经郑重承诺,允许信使安全进出,但由于激起的骚乱太大,总督发现根本无法保护哈桑。这个可怜的人被愤怒的暴民撕成了碎片。

术赤立即全力攻击这座城市。甫一占领,就残忍地屠杀了所有守城官兵,杀死大约一半居民,为被害的信使报仇。为了纪念哈桑,术赤还在城里的主广场竖起了一座雄伟的纪念碑。

只要城镇胆敢反抗,术赤就会极端严厉地对待城镇的居民,而那些立即投降的城镇,还能获得某种程度的赦免和保护。这一政策的后果是,许多城镇的居民不做任何防御抵抗就投降了。有一次,一座城市的治安官和其他主要人物全都出城迎接,而术赤还有两天的路程才能到达。城镇的主人翁带着城门钥匙和大量华贵的礼物,将这些东西全都摆放在征服者的脚下,恳求他的怜悯。

术赤的军队用计攻下了一座城市。术赤雇了一位勘察防御工事的工程师,工程师报告说,城市外墙一侧某个地方有一条灌满水的壕沟,经由壕沟通往城墙的道路异常难走,守城部队可能不会想到蒙古军队会在那里攻城。工程师提议建造一些轻便的桥,夜间架在沟上,士兵将守军的注意力转移到其他地方,然后用梯子爬上城墙,进入城内。术赤采纳了这个建议,准备好了桥和梯子。夜晚约定的时间来临,一部分蒙古军从另一边假装攻城。于是,所有守军部队都被召去抵御蒙古军佯装的进攻,壕沟对面的城墙无人防守。然后,士兵在壕沟上架桥,将梯子靠在城墙上,在守军得知他们行动的消息之前,就已经进入城内,打开了其中一个城门。整个军队就这样进入城内。提出计划的这个工程师一马当先,第一个爬上靠墙的梯子。带头爬梯,需要非常冷静的心态和极大的勇气。因为当时天黑,谁也无法预料梯子尽头会遭遇多少敌人的攻击。

术赤军队的下一个目的地是一座安静美丽的城市。城市里坐落着几座学府,是学者和休闲之人的住处。这里非常舒适,到处都是喷泉、花园和赏心悦目的休闲场地,还有许多迷人的公共和私人长廊。这就是别纳客忒城,它的美丽和魅力举国闻名。

别纳客忒是一座快乐之城,而不是一座守备森严的城市,不过,城四周也有一堵城墙环绕。总督决定全力防御。守军英勇作战,与蒙古军激战三天,蒙古军毫无进展。最后,蒙古军的投石机在城墙上打开了多处缺口,总督认为蒙古军很快就会攻入城内，就派人来找术赤，询问投降条件。术赤回复说现在为时已晚，已经没有任何条件可谈，总督应该一开始就投降。

蒙古军强行进城，残忍屠杀了所有守军。而后，术赤命令所有居民在城墙外面的一处平原集中。所有民众听从命令，到指定地方集合。他们战战兢兢，以为会被全体屠杀，但最后发现，术赤带他们到城外的目的不是屠杀，而是将他们从家里叫出来，这样士兵就可以在主人不在的情况下更方便地掠夺财物。居民被关在城外一段时间之后才被允许回家，回到家中才发现被洗劫一空。士兵把能带走的东西全都带走了。

还有一座非常重要的大城市，叫忽毡。忽毡坐落在流入阿拉尔湖的锡尔河流域，在撒马尔罕北部的两三百英里处。忽毡的总督是帖木儿·灭里。他是一个实力非常强大的首领，有很高的军事威望，是苏丹穆罕默德手下骁勇善战的主要军队将领之一。帖木儿听到别纳客忒陷落的消息，认为下一个目标就是他的城市忽毡，因为忽毡似乎是蒙古军行军路上的下一站。帖木儿开始积极防御。他破坏了通往城镇的所有道路，毁坏了桥梁，还储备了大量食物维持居民的生活，以防遭遇长期围困。他还命令将周边地区多余的玉米、水果和牲畜全都运走，藏在遥远且隐秘的地方,以防落入敌军的手中。

术赤没有亲自攻城,而是派了一支大军,交给阿拉黑将军指挥。阿拉黑向城市进发,开始行动。他要做的第一件事就是在河上重新建桥,这样才能进入对岸的城内。然后,他在沿线的不同地点架设大量机械装置,其中一些用来击碎城墙,另一些向护城墙上投掷石块、飞镖和箭矢,以击退守军。这些机器执行力很强,轰城墙用的武器体积和威力都很大。据说一些机器可以把石磨一般大小的石头投过城墙。

帖木儿也在积极防御。他建造了许多平底船,也可以叫浮动炮台,用来向敌营投掷各种炮弹。据说这些炮台顶上建有盖子,可以保护士兵;炮台各边有炮口,像

蒙古军用投石机攻城

一艘现代化的军舰；不过从炮口发射出去的不是加农弹和炸弹，而是箭、飞镖、标枪和石头等。这些船被分派出去，有些在城市所在河流的上游，有些在下游，被安置在最能有效攻打蒙古军的位置。这些大规模杀伤武器，极大地干扰和阻挠了围攻者的行动。

阿拉黑继续战斗。他竭尽所能，全方位地封锁城市，但在城市一侧有一大片丛林无法封锁。帖木儿通过这片丛林接收了很多援兵，代替城墙上被杀的士兵。与此同时，阿拉黑也不断得到不远处的术赤的援助。因此，这场斗争异常胶着。

最后，帖木儿想出一条妙计，希望用这个计策让敌人落入圈套。在离城墙不远的河上有一座小岛，帖木儿在被包围之前去岛上建了一座堡垒作为前哨，派一千人驻守。为了转移蒙古军对城市本城的注意力，帖木儿此时从城里派出许多士兵，装作逃兵跑到蒙古军营中。当然，阿拉黑会问他们城市防御问题，要了解防御弱点以便发动进攻。佯装投降的士兵会劝阿拉黑攻击岛上的这个堡垒，说它很容易就能攻下。攻下堡垒后本城肯定会投降，因为它是指挥中心。

于是，阿拉黑让人把主力机器移到岛对面的河岸，集中精力和弹药向堡垒射击。但河面太宽，堡垒的城墙又厚又高，攻击几乎没有什么效果，然而，作为弹药的石头全部耗尽了。由于忽毡处于冲积区，根本找不到石头，阿拉黑不得不到十或十二英里外的高地去搬取新的弹药供给，耗费了大量时间。守城部队争取了时间招募大量新兵加强防御。

蒙古士兵们寻找新的石头供应时，围城行动很大程度上是停滞的，因为全部军力都用来运送石头了。他们最终收集了大量的石头，但蒙古将军改变了计划。由于堡垒在石头的射程之外，他决定不再投射石头，而是建一个伸入水中的码头，让机器更靠近城堡的墙壁，这样会有更大的机会攻破。于是，阿拉黑派人去准备柴和木筏。他在木筏上捆上石头沉入河底，作为码头的地基。士兵们用手将石头搬到岸边，等在岸边的骑兵将接过的石头放到马鞍上，赶马去用石头的地点，将石头沉入河底，再回到岸边接新的石头，周而复始。蒙古兵用这种方法在码头的多个地方同时操作，士兵在靠近河岸的地方修建，骑兵在河中央打地基。骑兵的工作难度很大，也很危险，因为他们会不断地陷入河底的淤泥，城墙上的守军也一直将箭、标枪、石头和火油等射向他们，竭尽全力阻挠他们的工作，杀死了大批人马。

尽管守军阻挠、反抗，蒙古军还是坚持了下来，成功推进了码头的建设。帖木儿认为蒙古军很快就会占据有利地势，自己无法抵抗，于是决定设法逃跑。他计划和所有战士一起上船，夜间顺流而下。

为了准备这项工作，帖木儿让人秘密打造了更多船只，数量达到70艘。这些船都藏在河中看不见的地方，直到一切准备完成。每艘船上都覆盖着厚实的湿毡，上面涂着浸过醋的黏土。这种防护不仅可以保护士兵不受炮弹袭击，还能防止敌人火攻。

乘船逃离就必须清除障碍，蒙古军最初围攻时建造的跨河桥就在城市下面。为了摧毁跨河桥，帖木儿有天夜里突然从一个城门冲出，袭击了守桥守卫。同时，他用了很多平底船，装上各种可燃物，混合焦油和石油顺流而下。船在出发前已被点燃。当河水将一艘接一艘的船冲到桥头时，燃烧着的船会引燃支撑桥的木墩和木桩。此时守桥的士兵正忙于抵抗从城里冲出来的队伍，无暇救火。桥就这样被烧毁了。

这条路就这样打开了。不久后，帖木儿在夜间将家人和大部分军队带上了船只，蒙古军不疑有变。这些船只起航出发，沿着溪流一个接一个地迅速驶走。天亮之前，船队已经消失得无影无踪。

蒙古将军很快听说目标猎物逃跑的消息，立即派出

第二十章 继续西征

一支强大的分遣队沿南岸追踪。分遣队很快追上帖木儿，岸上和水边的蒙古骑兵同船上的人激烈战斗，船上的人一直试图让船尽量靠近北岸。

但有时水面很窄，或北岸岩石突出的时候，帖木儿的属下不得不将船开到离蒙古军更近的一侧。战斗异常激烈、血腥。蒙古军驱马踏入水中，尽量靠近小船，向守军射箭、投掷标枪和火油，而这群伊斯兰人则通过小船的窗和炮口尽量防御。

这种情况持续了一段时间，直到最后，双方到了河水很浅的地方，被沙洲和浅滩所挡，船只搁浅。此时，帖木儿除了与众人一起登陆逃跑外别无他法。他成功登陆，上岸后，在阿拉黑还没有召集足够的人来攻击前，就在一块高地摆好了阵营。

蒙古军最后来攻时，帖木儿击退了第一波敌人，但很快就被迫离开，继续撤退。蒙古军紧追不舍，帖木儿的部下人数迅速减少，有些被杀，有些在混乱中逃跑走散。最终帖木儿成了孤家寡人，险些被抓。有三个蒙古士兵紧追不舍，帖木儿转头向最前面的追兵射出一箭，正中那人眼睛。受伤的人痛苦不堪，另外两人停下来帮助他。帖木儿趁此机会逃脱。经历九死一生后，帖木儿抵达苏丹穆罕默德的营地。苏丹穆罕默德非常高兴地接待了他,高度赞扬了他不屈不挠的精神,立即任命他为另一座城市的总督。

与此同时,有些船被帖木儿的士兵抛弃,随后被阿拉黑的人掌控。其中有一艘载着帖木儿家人的船,沿着河岸静静地漂走,驶到了安全场所。

帖木尔和部下逃离了忽毡城,城中没有任何防御,第二天就投降了。

第二十一章

苏丹穆罕默德之死

精彩看点

追击苏丹穆罕默德——两位女士——太后的性格——可敦——可敦退位——撒马尔罕——当地防御工事——水利工程——城门和瞭望塔——成群结队寻求庇护——驻营——蒙古军到来——城市内部的纷争——争端——大屠杀——总督逃跑——苏丹穆罕默德孤立无援——送走财宝——逃跑与沮丧——死里逃生——追击者的愤怒——扎兰丁探望——临终遗言——去世与安葬——可敦在花剌子模——残忍对待俘虏——纷争——可敦逃跑——可敦固执己见——讨厌扎兰丁的原因——围困城堡——总督的希望——想要下雨——痛苦不堪——俘虏太后——残忍对待太后

术赤及其部将带领着分遣部队蹂躏整个国家，围攻、占领途中遇到的城镇和要塞时，成吉思汗正带领主力部队向撒马尔罕挺进，追击苏丹穆罕默德。他推测苏丹穆罕默德在撒马尔罕避难。撒马尔罕是花剌子模的首都。它从那时起就一直是一个举世闻名的城市。

　　除了苏丹穆罕默德，成吉思汗还想抓到苏丹穆罕默德家里的两个女人，她们是苏丹穆罕默德的王后和母亲。苏丹穆罕默德的母亲是一位非常杰出的女人。她的丈夫，即上一位苏丹在位期间，她就因为学识渊博、心地善良、待人真诚等优秀的品格和在领地的巨大影响力闻名于世。她一度参政，获得"世界信仰保护者"的光荣称号。她以智慧而高效的方式行使权力。她秉公执法、锄强扶弱，用心处理所有纠纷并作出公正的判决。不仅如此，如同所有拥有无限权力的女性一样，她做事也一向严苛。

每当政治需要她果断行动时,她会像断案一般残忍无情。我们叫她可敦①。

可敦此时不在撒马尔罕,而在王室居住的花剌子模城。自她的丈夫前任苏丹去世后,她就一直在这里居住。

撒马尔罕是一座繁华的大城市。像大多数城市一样,撒马尔罕由两层城墙保护,外城墙环绕整座城市,内城墙包裹着清真寺、苏丹穆罕默德的宫殿和其他公共建筑。这里的城墙建造得比不花剌城的更好更牢固。据说,外墙有十二扇铁门,每两扇城门间的距离为一里格,每隔两里格有一个堡垒,堡垒内能容纳很多人。城墙上有城垛和瞭望塔,士兵能在它们的庇护下战斗。城墙四周还有宽阔的壕沟阻止敌人接近,用以削弱敌人或者击溃敌军。

撒马尔罕水资源丰富,水利建设达到了当时的最高水平。远处山间的溪水通过铅管引入城市的各个角落,再由居民自行分配。城里每条大街都有水流经过,每家每户的花园或庭院里都有喷泉、向公众开放的广场或公园里有土堆,土堆中间有水喷涌而出并且流向四周,形成小溪和瀑布。

城门和瞭望塔设在外城墙上。城墙外四周是大片的

---

① 可敦,此处应为秃儿根可敦,可敦是这个民族对王后的称呼,下同。——译者注

第二十一章 苏丹穆罕默德之死

土地、花园、果园和良田。这里盛产各种水果,商人会将水果贩到所有邻国。从稍远处看,几乎整座城市都隐藏在花园和果园中。树梢上方只能隐约看到清真寺的塔尖和一些房子的屋顶,其他什么都看不见。

听闻成吉思汗要来撒马尔罕,周边的人成群结队地涌来,寻求庇护,但是人数过多,撒马尔罕城无法容纳。另外,苏丹穆罕默德也派了十万大军来保卫撒马尔罕城。大军由三十位将军指挥。随军还有二十头大象供围城使用。苏丹穆罕默德的军队没有立即进城,而是在撒马尔罕城周边安营扎寨。士兵们挖掘深沟加固军营,将挖出的泥土堆砌在军营周围形成堡垒,保护营地。成吉思汗到来后,很快将苏丹穆罕默德的军队赶出营地,迫使他们进城躲避。苏丹穆罕默德的军队在城内拼死抵抗。成吉思汗发现城内没有内讧,占领这座城市并不容易。城内的富商和富裕的家庭都确信这座城市迟早会落入蒙古人之手,认为他们最好立即投降并向成吉思汗提出条件,希望可以挽救他们的财产和生命。

但将军们不愿听从这样的建议。他们被苏丹穆罕默德派到这里就是为了保护这座城市。他们必须服从命令,为了荣誉,为保护城市血战到底。

城内的纷争日益强烈,居民的势力越来越强大。最后，居民占领了一个城门，派出由阿訇、治安官和主要市民组成的大代表团，带着城门钥匙找到成吉思汗，提出条件：代表团交出城门钥匙，成吉思汗放过驻军和居民。但成吉思汗说，除了放过平民和愿意投降的人，不接受其他任何条件；至于苏丹穆罕默德军队的将士们，他一个都不放过。

代表团交出钥匙，成吉思汗入城。他放过了城里的居民，但没有放过任何一个他可以发现的士兵。许多士兵命丧街头。总督带着大部分将士撤到内城墙的保护圈，在那里拼死抵抗。将士们坚持四天后发现希望渺茫。他们知道，无论他们如何努力，都无法重夺被蒙古军占领的城市，因此他们决定突围，杀出一条血路。于是，总督率领一千骑兵，趁蒙古军不备冲出队伍，飞速穿过蒙古军营地，进入开阔的地域成功逃离。城内余下的士兵很快被蒙古军屠杀。

此时，苏丹穆罕默德发现自己的统治濒临崩溃。他在战争中节节败退，带着能聚集的所有部下从一个行省撤退到另一个行省，徒劳地寻找安全的地方。他的诸多子嗣中有两位，分别是扎兰丁和科思博丁。扎兰丁作为长子，是苏丹穆罕默德名正言顺的继承人。但不知因为什么，可敦不喜欢扎兰丁。她非常喜欢科思博丁，因此

第二十一章 苏丹穆罕默德之死

劝说苏丹穆罕默德让科思博丁取代扎兰丁，成为储君。

苏丹穆罕默德还有几个儿子，他们分别担任几个行省的总督。他在几个儿子的领地间不停逃亡，徒劳地寻找安全的地方，但发现没有一处真正安全。他在成吉思汗分遣队的追击下四处逃窜，身边的侍从和追随者也不断减少。苏丹穆罕默德最终彻底心灰气馁。

苏丹穆罕默德在儿子们领地中的一个城市做临时调整时，交给管家奥马尔十个用王室玺印加封的宝箱。他派管家奥马尔秘密地将宝箱送到一个远方的要塞，并将它们封锁在要塞中，不要让任何人知晓。

宝箱中装有王室珠宝，价值连城。

苏丹穆罕默德将宝箱托付给管家后，他的一个儿子带着大批兵力加入了他的队伍。父子二人很快遭遇了蒙古大军。经过激战，苏丹穆罕默德战败，士兵四散而逃。他不得不再次逃亡，身边仅剩一小队官员依然尽力护主。最后，苏丹穆罕默德和他的亲随成功到达里海附近一个幽闭的城市，他们希望可以在这里躲藏。苏丹穆罕默德精疲力尽、灰心丧气、毫无战意。他去清真寺向真主祷告，祈求真主不要让他彻底毁灭。他坦白了自己的罪孽，向万能的真主承诺，如果可以逃脱敌人的追击，重新登上王位，一定尽力修正。

追击苏丹穆罕默德的蒙古分遣队通过一个农民得到他的去向。一天,苏丹穆罕默德在清真寺祷告时得到蒙古军正在赶来的消息。他冲出清真寺,在朋友的指引下跑到河边,跳上船,希望可以坐船逃跑,因为陆地上所有的逃生通道都被蒙古军切断了。

苏丹穆罕默德刚上船,蒙古军就到达了河岸。船上的人立即驾船离开。蒙古军非常失望,愤怒地向船上放箭,但无一中的。船很快驶离了他们追击的范围。

苏丹穆罕默德躺在船上,惊慌且沮丧、精疲力竭,他感到胸口剧痛。不久,痛感逐渐加剧,他呼吸都有困难。船上的人察觉了苏丹穆罕默德的病情,尽快将他送到大海的东南角一个叫额别思宽的小岛上。随船到来的人们在小岛上搭起帐篷,尽其所能在帐篷中为苏丹穆罕默德支起一张床,请信使去岸上悄悄带来一名医生。医生竭尽所能,但为时已晚。苏丹穆罕默德身上的炎症和疼痛一度消退,但病情明显在继续恶化。他已病入膏肓,时日无多。

碰巧,苏丹穆罕默德那位因不受宠被科思博丁取代储君地位的儿子扎兰丁当时在离岛不远的大陆上。扎兰丁得到父亲病重的消息,立即带两个弟弟上岛探望。为避免蒙古军知晓情况,他们不得不秘密前往小岛。

第二十一章 苏丹穆罕默德之死

苏丹穆罕默德看到扎兰丁到达，心中非常宽慰。他取消了之前的继承法令。

苏丹穆罕默德说："我的儿，在我所有的子嗣中，你最有能力替我向蒙古人报仇，我撤销太后让科思博丁继承王位的法令。"

苏丹穆罕默德郑重指定扎兰丁为继承人，并命令其他儿子听从扎兰丁的命令，忠于扎兰丁的统治，还将自己的剑正式授予扎兰丁。这把剑是苏丹最高权力的象征和标志。

苏丹穆罕默德不久便去世了。亲信将他秘密埋在岛上，以防蒙古军发现。依照风俗，亲信们在安葬前仔细清洗尸体；由于无法购买或制作裹尸布，他们为苏丹穆罕默德穿上他生前穿过的衣服。

至于可敦，听到儿子的死讯和宠爱的科思博丁被讨厌的扎兰丁代替成为继承人的消息，她非常愤怒。可敦讨厌扎兰丁，因此认为扎兰丁也讨厌她。她在旧都城花刺子模，试图劝说亲信官员和士兵忽略苏丹穆罕默德的遗嘱，仍拥立科思博丁为新的君主。

可敦策划阴谋时，城里传来蒙古军逼近的消息。可敦决定立即逃命。在花刺子模城有十二个孩子归可敦监护。这些孩子是国内或周边藩王的儿子，他们或者是人质，或者是叛乱或战争中被俘虏的孩子，被囚禁在这里惩戒他们的父亲。可敦发现她无法带走这些孩子，又担心蒙古人进城后会释放他们，便下令将这些孩子全部杀掉。

可敦刚走，城市就因扎兰丁和科思博丁两党争权陷入混乱。可敦作为始作俑者并不关心城中纷争的结局如何，她只关心如何逃命。经过各种艰难险阻，她来到里海南部一座处于山海之间的孤僻小岛，在这里找到一个叫依兰的城堡，用来避难。可敦认为躲在城堡中可以逃避蒙古军的追击，于是带着珠宝和最值钱的财物住到里面。

但成吉思汗的间谍遍布全国各地，很快就有人告诉他可敦藏身的地方。成吉思汗派信使找到忽必来将军，当时忽必来将军指挥着一支分遣队。信使告诉将军，可敦在依兰城堡，成吉思汗命令忽必来将军前去围攻，要不惜一切代价攻下城堡，将可敦带给成吉思汗，活要见人、死要见尸。

忽必来立即向城堡出发。可敦已经知道忽必来的到来。贵族们催促可敦逃跑，并告诉她，如果她跟大家一起走，贵族们会带她去扎兰丁的领地，扎兰丁会保护她。但可敦坚决不听。她非常讨厌扎兰丁，即使扎兰丁可以救她性命，她也不愿意受他统治。可敦说，宁可承受蒙古人最非人的待遇，也不愿得到扎兰丁最仁慈的恩惠。

第二十一章 苏丹穆罕默德之死

可敦如此痛恨扎兰丁并不是因为扎兰丁本人,而是由于她对扎兰丁的母亲极其厌恶。

可敦拒绝逃跑。蒙古军很快到达,在城外安营扎寨。

忽必来带领蒙古兵用攻城槌和其他机器连续攻城三个月,试图破城而入,但都无济于事。城堡固若金汤,无法攻破。成吉思汗听说此事后,派人传信道:放弃破城,围城即可;禁止任何人出入,守军很快会因饥饿投降。

城堡的总督看到忽必来依照成吉思汗的命令进行安排,毫不担心。他的粮食储备非常充足,山间雨水充沛,水源也有足够的供应。

总督对雨水的预测出现了偏差。城堡所在的地区通常降水频繁,但蒙古军围城后,三周以来滴雨未下。周边国家的民众认为这是上苍对太后谋杀孩子和其他所有罪行的报应。这种现象确实有些不同寻常。通常这个季节雨水频繁,当地百姓全都依赖降雨供应水源,从不曾出现需要寻找泉水和挖井取水的情况。

城堡内的民众缺乏饮水,痛苦不堪。很多人在痛苦中死去。储备物资日渐短缺,可敦太后不得不让总督投降。

蒙古军迅速抓住可敦太后,掳走她所有的财宝,俘虏她的贵族和女官,还有她逃亡路上带着的家眷和两三个曾孙。这些人全部由重兵看守并押送至成吉思汗的营地。

成吉思汗俘虏可敦太后之后，待她非常残忍野蛮。他会在饭后命人将她带进金帐，对她侮辱嘲笑，命令她取悦自己；他也会将桌上的残羹冷炙投给她，像对待一条狗一样。

成吉思汗将所有的孩子带离可敦太后的身边，只留一位陪她一段时间，当作是给她的安慰。但有一天，可敦太后给孩子穿衣梳头时，一个军官进来，从她怀中抢走了这个孩子。这是对可敦太后最致命的一击，使她彻底陷入沮丧心碎的境地。

有些记录说可敦太后不久就被处死了，还有一些说成吉思汗将她俘虏数年后，用凯旋的马车载着她在她曾经统治的国土上反复穿行。这是可敦太后在她极其辉煌的时期统治的地方。她的确罪有应得，但成吉思汗依然为残忍地对待她感到内疚。

第二十二章

凯歌高奏

精彩看点

继续征服——扎兰丁的努力——扎兰丁灰心丧气——总督的建议——再次努力——计谋——虚构的士兵——只战马引起的纷争——不满——扎兰丁兵力分离——峡谷大战——下令活捉扎兰丁——离开家人——渡河逃跑——对追击者的蔑视——马的挣扎——树上过夜——扎兰丁遇到朋友——大部分人逃跑——迫切需要——扎马兰拉德的及时援助——苏丹穆罕默德家人的命运——沉没的宝藏——扎兰丁的结局——包围——木头代替石头成为武器——现代炸弹——运来石头——奴隶的工作——盾牌——防火保护——小心谨慎——试图抵抗——库布鲁——高尚的精神——杀害库布鲁——胆怯——守军的故事——民众绝望——处置囚犯的方式——大屠杀——暴行——珍珠——母亲复仇——伊斯兰宗教信条——成吉思汗的观点——宗教教条精神

随后几年，成吉思汗的统治大业蒸蒸日上，他统治的疆域版图扩大到了整个中亚西部，留在帝国本土的将军们也以同样的方式向东部扩张。当时，成吉思汗几乎占领了整个波斯，他的势力覆盖了整个里海周边地区，甚至抵达了印度边界。

成吉思汗征讨印度的过程中一直在追击扎兰丁。苏丹穆罕默德死后，扎兰丁凭一己之力组建起军队对抗成吉思汗。起初由于可敦太后策划阴谋支持他的弟弟以及由此在民众之间引起的争端，他遭遇了很多困难和尴尬的局面。后来，扎兰丁采取措施，用一年时间成功平息了争端，组建起一支军队。但他还没有强大到可以与蒙古军正面作战，因此扎兰丁以各种方式骚扰蒙古军，从根本上阻碍他们的行动。成吉思汗时常派分遣队追击扎兰丁，扎兰丁通常不能获胜，但他总能成功拯救自己，带着一队人马，活跃在战场上，不过军力却越来越弱。

后来，扎兰丁失去了信心。在与成吉思汗分遣队的一次遭遇战中失败之后，扎兰丁与剩余兵力逃到了山间一座坚固的城堡。他绝望地告诉总督，继续挣扎毫无意义。他要将自己锁在城堡里，放弃战斗。

总督告诉扎兰丁，作为一个王室的男人、显赫祖先的后裔、辉煌王位的继承人，因为运气不佳灰心丧气、失去斗志，这是自暴自弃的体现。总督建议扎兰丁组建军队重回战场，战斗到底。

扎兰丁决定听从建议，在城堡短暂休息后重返战场。

他竭尽全力，召集到两万兵力。这与蒙古军的兵力相比确实很微弱，但如果指挥者用兵得法，也足够开展重要行动，扎兰丁重新燃起了斗志。他带着两万人的队伍获得了一两次胜利，大受鼓舞。其中一次，扎兰丁识破了蒙古将军策划的特定计谋。这次战斗中，打击扎兰丁的蒙古分遣队不够强大，为使扎兰丁相信蒙古兵力远大于实际兵力，指挥战斗的蒙古将军下令让稻草人穿上军中的毛毡帽和斗篷，再将它们绑在马和骆驼身上，营造出后方有第二批士兵的假象，想诱使扎兰丁不战而降。

扎兰丁不知通过什么方式了解了事实真相。他不但没有投降，反而英勇作战，打败蒙古军，取得了决定性的胜利。如果不是将军们因战利品分配产生分歧，这场

第二十二章 凯歌高奏

胜利可能是他命运的转机。战利品中有一匹漂亮的阿拉伯马，有两位主将都想得到它。二人从争吵升级到暴力争执，争执中一位将军用马鞭抽打了另一位将军的脸，暴力争执被激化至你死我活的斗争。二人找扎兰丁告状。扎兰丁希望二者和解，试图调解但没有成功。其中一位将军倍感受辱，带着手下全部士兵趁夜离开。

扎兰丁竭尽全力想挽回这位愤愤不平的将军，但还没来得及行动，成吉思汗就带着大批部队到来。蒙古军横插在扎兰丁和他的愤怒的将军之间，阻断了双方的联系。

扎兰丁除了撤退别无选择。成吉思汗紧追不舍。就这样，一段时间之后，双方到达印度边境的印度河岸。

扎兰丁在蒙古军的紧逼下占领了河岸附近的一个峡谷，在峡谷的岩石峭壁间与蒙古军展开一场大战。据说扎兰丁只有三万士兵，成吉思汗有三十万大军，数字可能有些夸张，但双方实力悬殊可见一斑。

只有一小部分蒙古军能进入扎兰丁所在的峡谷。扎兰丁在这里展开了殊死搏斗，据说他们在战败前杀死了两万蒙古军。实际上，扎兰丁犹如困兽，在绝望而无法释放的愤怒中战斗了一整天。夜幕降临时，扎兰丁明白，一切都结束了。他的追随者大部分战死；有一些想渡河逃跑，但多数淹死在渡河过程中；余下的人也都精疲力竭，灰心丧气，完全无法迎接第二天的战斗。

扎兰丁在战斗中非常频繁地暴露自己，或许他希望自己战死。但成吉思汗下令必须活捉扎兰丁，甚至派两位将军严密监视战况，任何人在任何情况下都不能杀死他。成吉思汗希望活捉扎兰丁，将他当作囚犯，如同对待扎兰丁的祖母那样，带他穿越扎兰丁统治过的国家，将他作为战利品向他过去的臣民展示。

扎兰丁决计不让征服者如愿，试图游泳过河自救。他气喘吁吁，带着战斗的风尘和伤痕向母亲、妻子和孩子们匆忙告别。当时，家人习惯在战争中跟随扎兰丁。扎兰丁在自己的帐篷里找到家人，他们充满了焦虑和恐惧。他试图安慰家人，希望未来可以在更加幸福的时候相遇；然后满含热泪，悲伤地离开。为方便渡河，扎兰丁丢弃了盔甲和武器，随身只携带刀、弓和一个装满箭的箭筒。他翻身跨上一匹新马，向河边驰去。

马走到河岸，看到水流湍急便不愿继续前进，扎兰丁只能用马刺策马继续前行。他确实没有时间可以浪费。他刚到河岸，就看到成吉思汗带着一队蒙古兵来抓他。成吉思汗看到扎兰丁骑着马踏入满是岩石和漩涡的水中，就停在岸边，不敢贸然跟进，但仍然关注着扎兰丁冒险的结果。

成吉思汗看着扎兰丁渡过印度河

扎兰丁走出追击者的攻击范围后,在马可以立足的地方停了下来,带着仇恨且轻蔑的表情看向他们,然后将箭筒中的所有箭射向他们。一些胆大的蒙古兵提议游泳过河追击扎兰丁,但成吉思汗没有同意。他说这样做徒劳无益。

成吉思汗说:"你们对他无可奈何。一个如此冷静英勇的人,会破坏你们的所有行动。任何一个父亲都会为这样的儿子而骄傲,任何一个儿子也会为有这样的父亲而自豪。"

扎兰丁射完箭继续渡河。他的马在漩涡和翻滚的大浪中历经绝望和挣扎,终于驮着主人成功过河。成吉思汗在岸上饶有兴趣地看着马前进,直到最后什么也看不见。

扎兰丁上岸后,从过河的疲惫和紧张中恢复了一会,开始打量四周,考虑下一步的行动。他发现自己身处无人的孤寂荒野,孤身一人。他担心有老虎和其他猛兽出没,因为印度丛林中确实有这些动物。夜晚来临,扎兰丁没有发现任何可以躲避或者休息的地方,就把马拴在树根上,自己爬上树,坐在枝杈间过了一夜。

第二天清晨,扎兰丁从树上下来,沿河岸行走,看能不能有什么发现。在他极度焦虑、痛苦时,遇到了一小队士兵,他们由一些军官带领着,和扎兰丁一样在战

第二十二章 凯歌高奏

争中渡河逃到这里。扎兰丁如释重负。有三位军官是扎兰丁非常好的朋友。扎兰丁看到他们非常高兴。这一小队将士在最初战败时找到河岸上的一艘船,坐船到这里。他们在船上过了整整一夜,浅滩、礁石和湍急的水流使得行程极其危险。天将黎明时,他们才在遇到扎兰丁的不远处登陆上岸。

不久后,扎兰丁又遇到了三百名骑兵,他们从下游处河流相对平缓的地方游泳过来。他们告诉扎兰丁,距离这里约六英里还有一支约四千人的队伍也渡河逃到这里。扎兰丁集合了这些士兵,发现自己又拥有了一大批兵力。

但眼下,大家极其缺乏粮食和其他必需物资,对这类物资的需求非常迫切。扎兰丁无法满足这些需求,如果不是对岸的一个亲信考虑周全、竭诚尽忠,他会陷入尴尬的境地。这位亲信是扎马兰拉德。扎马兰拉德发现主人已成功渡河,另外有很多人也在试图过河,而且很可能已经成功到达对岸。这些成功渡河的人第二天早上会急需粮食和其他物资,因此扎马兰拉德连夜行动,将粮食、武器、钱和士兵衣物等装上大船,在蒙古军发现之前将船驶离河岸。次日早晨,扎马兰拉德带船到达对岸,为扎兰丁提供了大量的急需物资。

扎兰丁对扎马兰拉德的表现非常满意，立即任命他担任非常高的职位，授予他新的头衔。

河岸对面，成吉思汗在第二天上午占领了扎兰丁的营地。苏丹穆罕默德的家人也落入了他的手中。成吉思汗下令屠杀所有男性，留下女性另有安排。被屠杀的人中有扎兰丁的长子，一个八岁的男孩。

扎兰丁下令将宝藏沉到河底，打算未来取回。但成吉思汗发现了宝藏沉没的地方，派潜水人员挖出宝藏，将它据为战利品。

此后，扎兰丁在印度停留了五六年，带着队伍加入了印度王子的势力，参与了当地的一些战斗。后来遇到有利的时机，扎兰丁回到了自己国家，与蒙古军交战了更长的时间，但从未获得实际的权力。

此后两三年，成吉思汗继续在亚洲西部的伊斯兰国家四处征战。我们没有必要具体描述他的征战足迹，无非是抢劫、掠夺、谋杀和摧毁事件，都是些重复的故事。侵略者兵临城下时，有些城市会立即投降，地方治安官和主要居民组成代表团，拿着城门钥匙，带着华贵的礼物，希望借此安抚侵略者。蒙古兵比较满意这种方式，他们会满足于抢劫掠夺，留下居民的性命。有些城市试图反抗，蒙古军就建造机械工事攻击城墙，向城中被围

第二十二章 凯歌高奏

困的居民投下巨石。由于有些城市所在的地域属于冲积平原，蒙古军在多数情况下无法获得足够的石头供给。他们用尽附近的石头后，会砍下通往城市的大道两旁或附近树林的树木，将树干锯成木墩，用这些沉重的木头代替石头做子弹，借助机械投过城墙。这与现代炸弹的威力无法相提并论。现代炸弹由大铁球支撑，发射后，炮弹一路火焰，四五英里之后，落在城里炸裂成无数个碎片，像铁质冰雹一样飞向四面八方。

蒙古人将战争中的囚徒作为奴隶使用，奴隶要将树干锯成木头，给机器运送石头。有些围攻任务的工作量非常巨大。据说围攻尼沙布尔城时，城里居民投降后假装对蒙古军友好，却偷偷运送武器、粮食和钱给扎兰丁。这严重冒犯了成吉思汗。蒙古军用的一千二百台这样的机器，都是在距离被围攻城市不远处的城里制造完毕后，由奴隶将零件逐一运送至被围攻城市，重新组装后架在城墙下。奴隶在运送机器的时候，由覆盖生皮材料的木质盾牌作为防护，其他奴隶在前面抬着盾牌，阻挡或扑灭从城墙上射来的火油和箭等。

有时，安装机器的地方也有木墙保护。木墙与机器的框架都覆盖生皮，防止敌人放火。生皮需求量极大。为了获得生皮，蒙古人屠杀了大量掠夺得来的牛和马匹。

有时，为了让蒙古军的机器缺少弹药，城里居民一听说蒙古军要来，就提前几天大规模出动，找出所有能够找到的石头，将它们扔进河里或者藏起来。

上面提过，城市受到威胁时，有的城中居民不作丝毫抵抗，直接投降，祈求获得侵略者的仁慈。这种情况下，蒙古将军们通常会掠夺财产而赦免居民性命。有的城市会抵抗一阵，在守军气馁并打算投降之前与侵略者签订条约。但这种情况下，蒙古军的条件会非常苛刻。守军也就不再打算投降，继续战斗、坚持到底。

有一次，蒙古军围攻的城里住着一位阿拉伯酋长，或者是一位亲王，名字叫作库布鲁。他品行高尚，是一位杰出的人才。成吉思汗指定他的第三个儿子窝阔台为将领攻打这座城。窝阔台听说过这位亲王的英名，非常尊敬他。于是，窝阔台派使者带给库布鲁酋长一张通行证，库布鲁酋长可以选十个人与他一起离开这座城市，去他们想去的地方。但库布鲁酋长谢绝了窝阔台。窝阔台又给了库布鲁酋长一张通行证，这次他可以带一千人离开，但他依然没有同意，他不愿意接受窝阔台的赏赐。库布鲁酋长说，除非城里每个伊斯兰教徒都能离开，他有义务与其他伊斯兰教徒在一起，因为他们彼此之间关系紧密，牢不可破。

第二十二章 凯歌高奏

于是，窝阔台继续围攻，直到攻下这座城市。酋长和其他人一起在街头被屠杀。他一直坚守着阵地，像一头狮子一样战斗到底。

但并不是所有酋长都和库布鲁酋长一样，拥有如此高贵的精神。有一个酋长发现蒙古兵即将到来，当夜从城墙放下绳索逃跑，放任他的城市和守军听天由命。

城里的守军知道敌人不会心慈手软，通常会像对待野兽一样亡命拼搏，战斗到底。守军突然打开大门，带上所有的火把和可燃物奔涌而出，放火引燃围攻者的机器，然后趁蒙古兵乱作一团，来不及警觉并实施拦截前退入城内。城内的守军以这种方式破坏了大量机器，杀死了大批敌人。

尽管如此，蒙军依然坚持要攻下城市。城里的居民彻底失去了希望，他们对敌人恨之入骨，宁愿亲手放火烧毁城市，将自己和家人置于熊熊烈火，也不愿落入怒气冲冲的敌人的魔爪。

经历了长期的战斗，蒙军终于成功占领城市。不幸的受害者遭受了非常骇人的残忍对待。蒙古军命令所有民众走到平缓开阔的场地，从中挑选年轻体壮的男人作为劳力，因为他们能够运送石头、装置机器；挑选年轻美丽的女人，将她们分配给军人或者卖作奴隶；剩余的人被聚集在一处，蒙古军像是围猎野兽一样将他们乱箭射死。不同的地方在于，蒙古人射杀俘虏，听他们恐惧的尖叫和呼号，可能比射杀一群狮子、老虎和狼更加兴奋、激动。

据历史学家记载，有一次，由于下令在平原上聚集的人比较多，所有人全部到达指定地点需要四天时间。经过蒙古军的挑选，剩余将被屠杀的人数超过十万。这是当时的记事员所做的记录。

还有一次，屠杀过后，蒙古军用十二天时间才清点完毕死者人数。

蒙古军的暴行恐怖至极，无法用语言描述。有一位年迈的妇人请求蒙古人饶她性命，她承诺可以送给他们一颗昂贵的珍珠。

蒙古军问老妇人珍珠在哪里，老妇人回答说她已经将珍珠吞入腹中。蒙古军立即将她开膛破肚，找出珍珠。受到这一颗珍珠的鼓励，蒙古军认为其他女人也会像老妇人一样藏匿珍珠，于是他们杀了很多女人，将她们也开膛破肚，要寻找珍珠。但最终什么都没有找到。

围攻巴米亚城时，成吉思汗年幼的孙子希望以自己的胆识取悦祖父，却由于离城墙太近，被弓箭射死。成吉思汗受到这件事的影响，非常痛苦。他曾将这些痛苦残忍地加诸他人，当他自己遭遇时，才感受到尖锐的痛苦。成吉思汗孙子的母亲因儿子的死亡而愤怒，一心只等占领城市后报仇雪恨。蒙古军最终突破了缺口，她也随士兵进入城市。她坚持处死所有人。她的怒火尤其针对孩子，似乎摧残小孩就能获得快乐，就能为死去的儿子报仇雪恨。她的仇恨和愤怒甚至殃及未出世的胎儿，暴行惨绝人寰，无法言表。

成吉思汗的宗教观在某一次谈话中得以体现。那是成吉思汗在西亚征战时与不花剌一些博学的伊斯兰学者之间的交流。当时不花剌是科学与哲学中心。成吉思汗问这些学者的宗教信条是什么。他们回答说，他们的信条主要包括五个基本要义：

（一）相信真主是万事万物的创造者，是宇宙的主宰和统治者。

（二）将自己年收入或收益的四十分之一分给穷人。

（三）每天向真主祷告五次。

（四）每年留一个月时间斋戒。

（五）到麦加朝圣一次，在那里敬拜真主。

成吉思汗告诉伊斯兰学者，这些条款当中，第一条，他只相信自己；中间的三条他都赞成。将自己收入的四十分之一分给穷人，每天向真主祈祷五次，留一个月时间斋戒，这三条非常好。但最后一条，他不完全赞同，因为整个世界都是真主的居所，只假定一个地方是最适合朝圣的场所，这非常荒谬。

　　学识渊博的学者们对这个答案非常不满。他们虽然对皇帝前四条的回答比较满意，但是皇帝对最后一条的异议，让他们完全无法接受。最后一条是这五条当中唯一一个本质上纯粹、完整的宗教仪式。这不足为奇。从法利赛人时代到今天，宗教中的宗教主义和教条的精神信仰总是植根于外在的物质元素。它一直在为宗教仪式不懈努力，却把直接关系到人类物质利益和精神利益的东西置于幕后。

第二十三章

盛大庆祝

精彩看点

大型狩猎活动——狩猎目标——整体计划——时间来临——命令——围猎进行——动物的恐惧——内包围圈——野兽的境况——王子们进入围场——恐吓野兽——受到攻击时恢复凶猛——屠杀——年轻人的请求——围猎结束——别纳客忒大会——成吉思汗儿子们回归——战马礼物——可汗们到达——盛大娱乐——酒饮——规模庞大的驻地——驻地布局——大帐篷——王位——处理事务——离开——散会

成吉思汗已经征服了西亚各国，在西亚各国的统治也得到了很好的巩固。因此他决定举行两场盛大的庆祝活动，借机展示他取得的胜利和帝国扩张的成果。第一场是大型狩猎活动；第二场活动以宴会或审议大会的形式进行。成吉思汗要求帝国所有首领都来参加庆祝活动。

毫无疑问，历史学家对这两场活动的描写都有些夸张。下面是关于狩猎活动的描述。

1221年的战事结束之后，成吉思汗举行了狩猎活动。当时军队在做冬季休整，狩猎活动可以帮助士兵保持战斗状态，防止纪律松懈，避免将士们闲下来导致军营中出现恶习或骚乱。狩猎在广阔的无人区进行，那里有各种野兽出没。士兵们按作战顺序列队出征，像是要与战力强劲的国家作战。分遣队被派往郊外的不同地点，队伍抵达设定地点后左右散开，排成直线，将狩猎的区域包围起来。据说这个区域非常大,需要几周时间才收拢到猎场的中心。

这种情况下,为了彻底检查狩猎区域,不给野兽留下任何沟壑、灌木丛或其他可以隐藏的地方,排查进度的确会非常缓慢,可能每天只能推进几英里。另外,狩猎的区域本身也的确非常大。

一切准备就绪,约定的早晨终于到来。士兵们在各自值守的地点列队,听到军号和鼓乐声后,按照指令,向猎场中间行进。

狩猎比赛中,任何人不能杀害任何动物。参赛者只需要将动物从巢穴或藏身的地方引出来,赶到狩猎区域的中心。

许多士兵带着镐子、铲子或类似的工具,一旦发现有动物的痕迹,就朝着动物的巢穴或洞口开始挖掘。

狩猎活动持续数周。动物被人惊扰时从他们面前跑过,认为危险只是暂时的,和往常一样躲进灌木丛就能逃脱。但士兵很快又靠近动物,再次惊扰它们并将它们从灌木丛中驱赶出来。动物无论向哪个方向跑,总能被人拦截。如此反复,士兵的包围圈越来越小,动物的活动范围也越来越窄,包围圈中动物的种类也越来越多。所有动物混杂在一起,很快会感到焦虑暴躁,于是动物

第二十三章 盛大庆祝

之间开始彼此攻击，弱肉强食，横尸遍野。这都是动物自相残杀的结果，没有耗费士兵的一丝力气。

后来，动物的数量实在太庞大，动物们在极度的兴奋和恐惧中很难向前驱赶。可怜的动物们上蹿下跳，慌不择路；士兵紧跟在动物群的后面，一边大声喊叫一边驱赶，切断它们可能逃跑的所有机会。士兵一旦发现动物试图跑出队伍，便立即挥舞武器恐吓它们。

最终，动物被驱赶进一个小包围圈。这是一个事先确定的比较小的区域，区域中围着两三圈士兵，手持长矛或标枪，指向区域中心。士兵们形成人墙，将动物牢牢困在一个圈子里面。此时，各位可汗、朝廷各级官员和军中大臣便按计划走进围场，攻击并宰杀野兽，以此展示他们的勇气和能力。

但此类狩猎活动似乎不需要什么勇气。野兽通常在刚被激出巢穴时比较狂野残暴，随着包围圈越来越小，它们不断被激怒，直到后来精疲力尽、懦弱胆怯、神情呆滞，最终被驯服。这在某种程度上是由于它们已经习惯了人类的出现，但更可能是由于长时间的兴奋、恐惧和不食不休导致动物精神崩溃。

这和大多数的情况是一样的。可怜的士兵和普通百姓历经艰辛后，总有大人物上场收割荣誉。

成吉思汗

成吉思汗最先进入围场开始打猎，随后是他的子侄们与其他大首领和可汗。狩猎者入场后，猎场由整个军队包围，空中满是喧闹的军乐和骇人的呼号，这些声音惊扰着野兽，摧毁着它们抵抗的意志和希望。

这种恐吓方式收效甚好，据说野兽都被惊呆了。"它们非常害怕，完全失去了凶猛的野性。狮子和老虎像羔羊一样温顺，熊和野猪变得胆怯、木讷，成了最胆小的生物。"

尽管如此，成吉思汗和他的子侄们走进围场攻击野兽时，并不是完全没有危险。选择最凶猛的野兽进行挑战是一种荣耀。受到攻击对野兽来讲是一种刺激，会激发它们凶残的本性，促使困兽亡命抵抗、保护自己。围猎了几只狮子、老虎和熊之后，成吉思汗一众退到围场一侧。在围场视野上佳的位置摆放着皇帝的座位，他能将整个围场的情况尽收眼底。成吉思汗坐在王位上观赏围猎屠杀的场面。随后，大批捕猎者进入围场，享受屠杀和踩躏可怜的野兽的乐趣，直到心满意足。

狩猎活动将要结束时，可汗们的孙辈在其他几位年轻首领的陪同下走近王位，请求成吉思汗下令停止屠杀，放生剩余的动物，让他们重归自由。请愿得到了皇帝的许可，士兵们撤除包围圈。逃过一劫的动物们回归旷野，狩猎结束。

第二十三章 盛大庆祝

分遣队由各自驻扎的地点出发，回归营地。狩猎规模非常庞大，狩猎的众人从出发到返回营地需要四个月的时间。

两三年后，成吉思汗召开了帝国大会。此时他已经完全征服了西亚，将诸位皇子和将军召回帝国总部也不会有危险情况发生。大会在别纳客忒郊区的大草原上举行。前文提到过，别纳客忒是成吉思汗征服的大城市之一，位于成吉思汗的领地中心，位置方便，适合集会。另外，这也是一座富饶美丽的城市，满足大会需要的一切条件。会议没有在城里召开，而是在近郊的大草原上举行。那里有充足的空间，能够容纳所有可汗的帐篷和他们的众多随从。

可汗和首领们开始聚集。最先抵达的是成吉思汗的儿子们，他们从父亲派驻的各个远征地归来，带回了壮观的礼物，包括从被征服的城市掠夺所得财宝和其他贵重物品。术赤带回的礼物价值最为昂贵。另外还有人送成吉思汗十万匹战马，都是从被征服的国家的牧场上掠夺来，带给成吉思汗用来扩充骑兵。马匹按颜色列队，白色、斑纹灰、栗色、黑色、斑点等，各种颜色的马匹都数量相当。

成吉思汗非常高兴地欢迎并接待了自己的孩子们，

欣然接受了他们的礼物。作为回报,他也将自己的财宝送给孩子们。

其他首领与可汗们随后到来,他们带着军队和随从在平原上安营扎寨。成吉思汗举行了一系列的大型宴会和各种公共活动来招待、娱乐大家,还组织了一场大型的围猎——与上面提及的围猎活动类似,只是规模稍小。

成吉思汗和他的孩子

第二十三章 盛大庆祝

但从参与的人数和耗费的时间来看，此次狩猎活动的宏伟壮观程度远远超过上面提到的那场。据说在这场围猎中，几千只野兽丧生在捕猎者的手中，而数目巨大、种类繁多的鸟类被猎鹰捕杀。

围猎结束后，成吉思汗举行了一场盛大的宴会，宴会的丰富程度超越其他所有盛宴。宴会上不仅有来自南方国家的各种葡萄酒，还有士兵们从波斯学来的酿酒技术酿制的啤酒、蜂蜜酒、果酒等。

与此同时，随着可汗们的到来，广阔的平原上为宿营而划定的空间被逐渐填满。最后，目之所及，除了帐篷，就是随车迁来的一排排房子。据历史学家描述，宿营地方圆约七里格。营地外围是可汗们的牧人和仆人的处所，他们照料牲畜和军马，去合适的牧场放牧。游牧民族习惯携带大量牛羊牲畜上路，的确需要比驻地更大的空间驻扎。

我们习惯将在帐篷居住当作权宜之计，因此会对这种生活方式感到惊讶，但现在发现这种生活方式在当时已自成体系，而且与之相关的一切都发展得非常完善，安排得井井有条。距离驻地中心两里格的范围内是街道、广场和集市，如同城市的布局。这是皇帝的驻地，皇帝本人和近亲家属的帐篷非常华丽，普通的帐篷供仆人和侍从使用。其他可汗的帐篷搭在附近,材质丰富多样,装饰华丽,还有五颜六色的丝带在帐篷顶端迎风飘扬。

除此之外,还有一个专门用来开会的巨型帐篷。据说这个帐篷非常大,可以容纳两千人,外观是非常显眼的白色。帐篷有两个入口,其中一个叫"帝王门",专供成吉思汗使用;另一个是公共入口,供大会成员和其他人使用。帐篷内设有豪华的王位,是成吉思汗开会时的专座。

大家在会议期间处理了很多重要事务。皇帝颁布了多项重要法令,重新颁布了帝国宪法和法律,还对各行省的管理做了必要的安排,无论距离远近。

完成各项目标任务后,大会结束。皇帝单独接见了各位首领、可汗、将军、行省总督和其他出席会议的政要人物,以便他们着手准备回归自己的领地。仪式结束后,驻地解散。可汗们启程,带领自己的队伍回归家园。

第二十四章

天骄陨落

精彩看点

长子之死——灾难的影响——攻打中国的计划——可汗的儿子们——病情——病情每况愈下——临终讲话——其他安排——皇帝驾崩——陵墓和纪念碑——拜会新皇——帝国的命运

上一章提到的大集会结束后，成吉思汗只活了三年时间。在这三年中，他继续征战，如往常一样硕果累累，最后在西亚建立了自己的永久统治。成吉思汗离开七年后回到东方自己的领土，受到蒙古人民的崇高敬意。随后，他又成功地征服了金国。事实上，如果不是经历了不幸的事情，成吉思汗的征服和统治会一直顺利地进行，达到史无前例的繁荣昌盛。

　　这件不幸的事情就是长子术赤的死亡。术赤是成吉思汗最出色、最钟爱的儿子。听闻术赤死亡的消息后，成吉思汗悲恸不已，一度荒废政务，即使是征战的胜利都无法激起他内心的欢愉。

　　此时，成吉思汗约64岁，年事已高，很难走出悲伤。但他逐渐从悲痛中恢复，继续着手准备战争。他攻占了金国北部的全部领土后准备继续攻打南部，却在1227

年的春天病倒了。整个夏天，成吉思汗都在与病魔斗争。到了8月，他发现自己的身体每况愈下，感觉自己大限将至。

在这段时间里，成吉思汗着力安排未来战争的细节。他将作战计划的具体细节告知随身官员，希望他们在自己死后能顺利地执行并成功地完成计划。成吉思汗最担心众位将军在自己死后产生分歧、发生争执，因此他不断告诫将士们要团结一致、同心同德，决不允许分歧与不和在内部滋生蔓延，影响部队团结，最终导致分裂。

成吉思汗的次子察合台性格温顺随和，不适合统治疆域辽阔的帝国。相比之下，三子窝阔台更适合做领袖。四子托雷在父亲病入膏肓之际一直随侍左右。

在一次带队行军的途中，成吉思汗病情恶化，他感到死亡将至。由于身体虚弱，成吉思汗躺在担架上被人抬着。他下令停止行军，就地安营驻扎。这个伟大的征服者躺进了森林附近为他搭起的帐篷里。医生和占星师试图用鼓舞人心的预言安慰他，但身体的疼痛和内心深处的悸动让他明白自己阳寿已尽。

成吉思汗吩咐随行的子侄们来到床前。大家聚齐后，他让人将他从床上扶起，做了简短但是非常郑重的发言。

成吉思汗说："我将世界上最大的帝国留给你们，

第二十四章 天骄陨落

帝国依靠你们的团结才能得以存续。你们的不和将使你们失去这庞大的帝国。"随后，他宣布了自己提名继承人的权力。

成吉思汗转向站在一旁的各位大首领和可汗，向他们和家中的诸位王子呼吁，是他白手起家，建立了帝国，因此无论是否公正，他都有权指定继承人，让继承人在他死后继承汗位。

大家都同意成吉思汗的主张。他的子侄们跪在他的面前说："您是我们的父亲，我们的皇帝，我们都是您的奴隶，我们绝对服从您所有的命令。"

成吉思汗随后宣布选择窝阔台做继承人，称窝阔台为汗中之汗。依据宪法，汗中之汗是皇帝的称号。

所有人再次下跪并庄严宣誓，接受成吉思汗的选择，他们承诺，新君即位后，他们一定会忠心待主，拥护新君。

老迈的成吉思汗安排次子察合台管理一个大国，但是这个王国必须是在弟弟的统一王权管理之下。他指定四子托雷摄政，直到窝阔台回归。

安排完所有的事情后，成吉思汗解散了集会。不久后，他的生命终止，天骄陨落。

托雷立即入朝摄政。他指挥众人将父亲安葬在一棵老树下，葬礼场面非常壮观。那棵老树就是可汗生病前几天，很是惬意地休息过的地方。

成吉思汗的陵寝也非常漂亮，一座壮观的纪念碑竖立在陵墓上方。后人在陵墓周围种上树木，做了许多修缮。据说，后来这里成了世界上最好的陵墓之一。

成吉思汗指定的继承人窝阔台回归后立即宣布登基，巩固了父亲的统治。成吉思汗驾崩的消息迅速传遍整个亚洲。来自帝国所有行省、公国和属国的使节络绎不绝，希望与新皇保持友好关系的邻国也纷纷派使节前来，带来他们统治者的吊唁和慰问。前来吊唁的国家数量巨大，悲伤的仪式持续了六个月才结束。

成吉思汗建立的帝国与世界上不时崛起的其他帝国一样，都是强大的军事指挥家对广泛分离的不同民族国家进行征讨、扩张而来。他们的子孙和继承者们很快就开始内斗，伟大的帝国迅速土崩瓦解，帝国分崩离析所用的时间甚至比征讨构建它的时间还短。

附录
专有名词汉英对照

格陵兰岛	Greenland
堪察加半岛	Kamchatka Peninsula
《旧约》	Old Testament
亚伯拉罕	Abraham
罗得	Rode
幼发拉底河	Euphrates River
地中海	Mediterranean Sea
太平洋	Pacific Ocean
鞑靼	Tartars
蒙古族	Mongols
蒙古	Mongol
蒙古可汗	Mongol Khan
以色列人	Israelite
萨拉姆	Salam
歌革	Gog
玛各	Magog
雅各	Yagog
里海	Caspian Sea
洪堡	Humboldt
利文斯通	Livingstone
窝阔台	Oktay
托雷	Toley

成吉思汗

凯恩	Kane
金国	Jin Dynasty
铁木真	Temujin
阿穆尔河	Amur River
诃额伦	Hoelun
苏古今	Sugujin
喀拉善	Karasher
克尔依术	Karizu
太阳汗	Tayian
泰赤兀	Taychot
察木合	Chamuka
博尔术	Boorchi
孛儿帖·弘吉剌	Purta Kugin
王汗	Vang Khan
术赤	Jochi
蒙力克	Menglik
克烈金国	Karakatay
脱斡邻	Toghrul
马尔忽思	Mergus
库尔干	Kurgan
纳瓦尔	Nawr
祭祀王约翰	Prester John
长老	Presbyter
哈拉和林	Kharkhorum
札木合	Jamukha
韦苏鲁吉娜	Wisulujine
额儿客合剌	Erke-qara
桑坤	Sankum
蒙力克	Menglik
蒙古大汗	Grand Khan
巴歹	Badu
乞失黑	Kishlik
图尔克依力	Turkili
马尔克阿赐	Markats

附录 专有名词汉英对照

曼科卢勒	Mankerule
札合敢不	Hakembu
阿拉库斯	ALakus
布雷	Bulay
屈出律	Kushluk
迪隆伊尔达克	Dilon Ildak
阔阔出	Kokza
意大利大街	Boulevard des Italiens
德维思姆	Devisme
阿尔及尔	Algiers
脱黑脱阿·别乞	Toqtoqa Beki
卡申	Kashin
不亦鲁黑	Buiruq
额尔齐斯河	River Irtish
阿迪什	Ardish
达古儿汗	Gurkhan
土耳其斯坦	Turkestan
兀鲁思·依纳尔	Urus Inal
亦都护	Iduq-qut
少监	Shuwakem
哲别	Jebe
契丹	Khitan
高琪	Zhuhu Gaoqi
黄河	Huanghe River
燕京	Yenking
木华黎	Muqali
花剌子模	Khorazm
马哈木	Makinut
讹答剌	Otrar
扎尔努克城	Zarmuk
阿莫尔河	River Amoor
《古兰经》	Koran
加耶尔可汗	Gayer khan
哈拉察	Kariakas

成吉思汗

昔格纳黑	Saganak
哈桑	Hassan
别纳客忒城	Toukat
忽毡	Kojend
阿拉尔湖	Aral Lake
锡尔河	River Sir
帖木儿·灭里	Timur Melek
阿拉黑	Elak Nevian
撒马尔罕	Samarkand
可敦	Khatun
扎兰丁	Jalaloddin
科思博丁	Kothboddin
奥马尔	Omar
额别思宽岛	Abaskun
忽必来	Hubbe Nevian
扎马兰拉德	Jamalarrazad
尼沙布尔城	Nishabur
库布鲁	Kubru
巴米亚	Bamiyan
法利赛人	Pharisees
察合台	Jagatay